영적인 싱글

Spiritually Single - Living with an Unbelieving Husband
Copyright ⓒ 2002 by Jeri Odell
All rights reserved.
Originally Published by Beacon Hill Press
Korean translation Copyright ⓒ 2008 by Seorosarang Publishing

영적인 싱글

1판 1쇄 발행 _ 2008년 6월 24일

지은이 _ 제리 오델
옮긴이 _ 임옥진

펴낸이 _ 이상준
펴낸곳 _ 서로사랑(알파코리아 출판 사역기관)

편집 _ 이소연, 박미선
영업 _ 설익환
이메일 _ publication@alphakorea.org

사역/행정 _ 정낙규, 윤종하, 주민순, 엄지일
이메일 _ sarang@alphakorea.org

등록번호 _ 제21-657-1
등록일자 _ 1994년 10월 31일

주소 _ 서울시 서초구 방배동 918-3 완원빌딩 1층
전화 _ (02)586-9211~4 팩스 (02)586-9215
홈페이지 _ www.alphakorea.org

ⓒ서로사랑 2008

* 이 책은 서로사랑이 저작권자와의 계약에 따라 발행한 것이므로
  본사의 허락없이는 어떠한 형태나 수단으로도 이 책의 내용을 이용하지 못합니다.
* 잘못된 책은 바꿔드립니다.
* 가격은 뒷표지에 있습니다.

영적인 싱글
Spiritually Single

제리 오델 지음 | 임옥진 옮김

서로사랑

이 책은 그리스도 안에서 자매인 소중한 당신을 위하여 썼습니다. 믿지 않는 남편과 멍에를 같이한 지난 20년간의 나의 인생 여정은 여러분과 함께 나누고 싶은 수많은 기억들을 남겼습니다. 어떤 기억들은 슬프고 어떤 기억들은 행복하지만 이 모두는 그리스도의 손길의 흔적을 지녔습니다. 제 인생의 모든 경험과 교훈을 통해서 예수님을 바라보게 되기를 기도합니다. 그분이 아니었으면 나눌 어떤 이야기도, 주장할 어떤 승리도 없기 때문입니다.

제가 범한 실수를 여러분은 반복하지 않는 것이 제가 소원하는 것입니다. 최근에 저는 "당신이 좋은 본보기가 될 수 없다면, 두려운 경고밖에 되지 못할 것이다"라는 인용문을 읽은 적이 있습니다. 부디 저의 경고를 기억하고 저의 실패와 시행착오에서 배우시며 하나님의 뜻을 깨닫고 처음부터 자유케 하는 믿음의 삶을 살기를 기원합니다.

삶을 치유하시고 변화시키는 놀라운 그리스도의 사랑 안에서, 제리

남편 딘에게

당신을 사랑해요. 떠나는 것이 무엇보다도 쉬웠을 상황에서 머물러 준 것을 감사해요. 이 책을 쓰면서, 지난 여러 해 동안 나에 대하여 인내해 준 당신에게 놀라고 스스로 겸허해짐을 느낀답니다.

영원한 당신의 아내

C.O.N.T.E.N.T.S

Chapter 01   **딸아, 성장하라!** • 9
　　　　　　　기다리지 말라 – 내일은 영원히 오지 않을지도 모른다

Chapter 02   **그가 배에서 하선하다** • 23
　　　　　　　그가 믿지 않을 때에도 믿음을 붙잡고 놓지 말라

Chapter 03   **드디어 항복하다!** • 39
　　　　　　　그가 예수님께 모든 것을 드리지 않을 경우

Chapter 04   **갈망하는 마음** • 53
　　　　　　　건전한 사고력 계발하기

Chapter 05   **친구들과 나** • 70
　　　　　　　친교와 우정은 필수적이다

Chapter 06   **금단의 열매 피하기** • 84
　　　　　　　유혹으로부터 도피하라

Chapter 07   **산을 옮기기와 두더지 흙 두둑 소탕하기** • 99
　　　　　　　기도 – 성공의 열쇠

Chapter 08 원숭이는 지켜본다, 흉내낸다 • 121
자녀들이 지켜보고 있다

Chapter 09 빈자리 • 137
외로움과의 싸움

Chapter 10 교만과 편견 • 153
독선적인 태도와의 싸움

Chapter 11 시샘으로 전율하다 • 168
친구의 남편이 그리스도께 돌아올 때

Chapter 12 거대한 기대 • 180
그가 마침내 그리스도께 나아올 때

Chapter 13 만족으로의 길 • 196
하나님의 뜻에 순응하는 것

아내 된 자들아 이와 같이 자기 남편에게 순복하라
이는 혹 도를 순종치 않는 자라도 말로 말미암지 않고
그 아내의 행위로 말미암아 구원을 얻게 하려 함이니
너희의 두려워하며 정결한 행위를 봄이라(벧전 3:1-2).

Chapter 01
딸아, 성장하라!

기다리지 말라 – 내일은 영원히 오지 않을지도 모른다

나는 내가 좋아하는 강단의 왼쪽 앞에서 셋째 칸에 있는 좌석으로 향했다. 예배가 시작되기를 기다리는 동안 나는 주보를 넘겨가며 훑어보았다. 우리 교회의 가을학기 제자훈련 과정이 다음 주에 계획되어 있었다. 참석할 생각은 없었지만 남편 딘을 기다리고 있어서, 각 훈련의 일정표를 끝까지 읽어 내려갔다. 그가 일단 그리스도께로 돌아오기만 하면 우리는 함께 성장해 나갈 것이었다.

'영원히 기다려야 될지도 모르잖아.' 나의 양심은 성가시게 나를 괴롭혔다. 나는 이 훈련 과정을 이미 3년이나 미루고 있었다. '그를 제쳐 놓고 전진한다는 것은 무서운 일이야. 만일 내가 주님 안에서 성숙해진다면 우리 사이의 갈라진 틈은 더욱 벌어질 뿐이잖아.' 하나님과 단 둘만이 전진하는 것은 '커다란 분열'의 격차를 더욱 크게 할 것이었다.

'지금 성숙해야 돼.' 작고 낮은 음성이 속삭였다. 나는 그런 생각들을 마음에서 밀어내고 입례 찬송을 위해 일어섰다. 목에는 부어 오른 응어리가 박혀 있는 듯했다. '이 일을 혼자 감당해 나갈 힘이 있던가?' 나는 여덟 살배기 아들 메트와 다섯 살배기 딸 캘시를 힐긋 바라보면서 유아실에 있는 세 살배기 아담도 생각해 보았다. '그래, 이 아이들을 위하여 영적인 성장을 내 삶의 최우선순위에 두어야만 하는 거야.'

지금은 그 일이 참으로 쉽게 보인다. 그러나 진정 그것은 그때까지 내 생애에서 내려야 했던 가장 힘든 결단 중에 하나였다. 그 이전 3년 동안은 성실하게 교회에 출석해 왔었다. 하지만 하나님은 내게서 그 이상을 원하신다는 것을 감지하였기 때문에 나는 두 발로 내딛는 믿음의 길로 뛰어들었던 것이다. '더 이상의 기다림은 없다. 오직 하나님과 나 홀로 이 여정을 출발하는 것이다.' 이후 "주님 뜻대로 살기로 했네" 이 찬양이 나의 주제가가 되었으며 오늘 이날까지도 3절을 눈물 없이 부르지 못한다. "세상 등지고 십자가 보네 세상 등지고 십자가 보네 세상 등지고 십자가 보네 뒤돌아보지 않겠네!"

하나님과 함께 성장하기

그 다음 주일 저녁 나는 '영적 성장의 원리' 라는 강좌에 출석하였다. 나는 하나님께 헌신하였으며 이제 성장해 나갈 것이었다. 이른 아침 5분간의 기도시간을 응답과 삶에 적용하기 위해 말씀 속으로 깊이 파고드는 성경공부를 시작했다. 나는 하나님께 진정으로 기도하는 법을 가르쳐 달라고 기도드렸다. 주일 저녁 강좌뿐만 아니라 주중 여성 성경공부반에도 출석하면서 교회에 참여하는 시간을 늘려 나갔다.

더 많은 교회활동이 성장을 불러일으킨다는 것은 아니다. 교회가 당신의 삶을 지배하게 하기 위해 주장하는 것도 아니다. 나는 하나님 말씀의 연구를 통해서 그리스도께 더 가까이 나아갈 수 있는 몇 가지 노력을 신중하게 덧붙였던 것이다. 남편이 동참하지 않기 때문에 어디까지 참여

> 남편 딘은 교회보다 위에 있는 나의 우선순위이며 하나님 외에 첫 번째 순위이다. 내가 남편을 존중할 때, 나는 하나님을 존중한다.

해야 하는지를 아는 지혜와 통찰력을 위해 끊임없이 기도했다. 남편 딘은 교회 위에 있는 나의 우선순위이며 하나님 외에 첫 번째 순위이다. 내가 남편을 존중할 때, 나는 하나님을 존중한다. 그가 하나님이나 교회에 분개하고 원망하게 되면 어느 쪽에도 득이 되지 못한다.

나의 친구 엘렌은 가정의 평화를 위해 교회활동을 줄이는 방법을 선택해야 했다. 어릴 때 주님께 돌아온 엘렌은 그녀의 생애 가운데 주님의 존재가 그리 중요하게 느껴지지 않았던 시기에 결혼을 하였다. 그 이후로 다시 주님께 돌아왔다. 문제는 그녀의 남편 데이빗이 기독교에 대해 역정을 내며 괘씸하게 생각하고 때로는 그녀의 믿음을 비웃고 조롱한다는 것이었다. 그녀는 주일 아침예배에만 출석하고 저녁에는 그와 함께 집에 머물면서 가정의 화합을 유지하기 위해 노력했다. 그녀는 그와의 대립을 피하기 위하여 그가 출근한 후에 성경을 읽었다.

엘렌은 "우리는 우리의 믿지 않는 배우자들을 포함한 모든 사람들과 화평하게 살도록 부르심을 입었어요. 그러기 위해서는 별도의 노력이 필요할 수도 있지요. 우리 모두는 각기 개인의 상황에서 최선의 방법을 찾아내야 할 것입니다. 특단의 마법 공식은 없겠지만, 우리가 구하면 하나님께서는 바른 해결책을 예비해 주실 것입니다"라고 말했다.

그것은 성장하기를 두려워하지 않아야 한다는 것을 말해 준다. 뒤돌아보건대, 나의 성장은 원래 예상했던 것과는 달리 우리 결혼생활의 질을 높였으며 우리의 관계에 방해가 되지 않았다. 내가 하나님을 우선했을 때, 그분은 딘을 향한 나의 마음과 태도를 변화시키셨다. 하나님은 바울이 골로새인들에게 보낸 서신을 통해 내게 도전하셨다. "무슨 일을 하든지 마음을 다하여 주께 하 듯하고 사람에게 하 듯하지 말라"(골 3:23). 하나님은 그분의 영광을 위하여 나의 온 마음과 정성을 결혼생활에 쏟을 것을 요구하셨다.

교회 친구인 로리는 결혼생활에서 힘들었을 때 하나님께서 가르쳐 주신 교훈들을 나에게 말해 주었다. "남편 스티브가 무엇을 하든지 말든지 상관없이, 그의 구원의 상태와 부부관계에 관한 기여도에 관계없이, 하나님은 내가 그에게 최선을 다하기를 기대하셨어요. 결혼은 50대 50의 조건 제시가 아닌 나의 100%를 주는 것이더군요."

이 말들은 수년 동안 나의 뇌리를 떠나지 않았다. 그리고 나를 수없이 꾸짖고 축복하였다. 그녀가 옳았다. 나는 하나님 앞에 섰을 때에, "잘하였도다 너 착하고 충성된 아내여"라고 말씀하시는 것을 듣고자 고대한다. 나의 결점에 대해 딘을 탓하면서 하나님 앞에 나서기를 원치 않는다. "그런데 하나님, 그가 이러이러했기에 또는 안 했기 때문에 제가 못했습니다." 그와 같은 핑계는 전지전능하신 그분 앞에서 아무런 의미가 없는 것이다.

배우자의 영적 상태는 말씀 순종에 대한 필요성을 보다 절실하게 촉구하는 것 이외에, 나의 역할에는 아무런 변동을 주지 않는다. 베드로 사도가 상기시킨 바와 같이 믿지 않는 남편이 믿는 아내의 말이 아닌 그녀의 행위로 말미암아 구원을 얻게 되는 것이다. 그것은 바로 내가 더욱 자라야 할 이유였다. 내가 알지도 못하는 것을 어떻게 실천할 수 있겠는가? 그리고 하나님을 아는 지식이 자라가지 않고서 순종할 것을 어떻게 알 수 있겠는가?

잠언 31장은 경건한 여인의 모습을 묘사한다. 그러나 그녀의 남편이 믿음을 가졌는지 그렇지 않은지에 대해서는 언급하고 있지 않다. 남편에 대해 거의 드러내지 않았다는 사실은, 그만큼 남편의 영적 상태가 경건한 아내의 역할에 있어서 크게 연관성이 없다는 것을 짐작하게 한다.

그러므로 나는 당신께 도전할 것을 요구한다. 사랑과 소망과 기도와 더불어 "딸이시여, 성숙해 나가세요!"라고 권면하고 싶다. 뜨거운 열정을 품고 하나님을 향해 나아가라. 어느 누구도, 그 아무것도 기다리지 말라. 하나님 안에서 성장해 갈 때 그분이 복을 내리실 것이다!

나의 이야기

나는 어렸을 때 주일학교와 교회에 다니면서 성장했다. 상당히 어린 나이에 예수님을 나의 삶에 모셔 들였지만 열 살쯤 되었을 때, 우리 가족은 애리조나 주 지역 주니어 로데오 경기순회(카우보이의 말 타기 등의 경기대회) 주말여행으로 주일을 대신하였다.

나는 양옆으로 묶은 머리에 바비 인형을 안고 다니던 철없는 시절에 새로운 친구들과 새로운 아이디어와 새로운 삶을 향해 하나님으로부터 멀어져 갔다. 내가 꽉 찬 열여섯 살이 되었을 때에 장래의 남편 될 딘을 만났다. 사치스러운 카우보이복장에 멋진 스테트슨 카우보이모자를 쓰고 로프를 잡고 말을 타는 그의 모습은 확실히 멋있어 보였다. 그의 파란 두 눈은 나의 관심을 끌었고 그의 미소는 나의 마음을 사로잡았다. 그가 예수 그리스도와 전혀 상관이 없다는 사실은 아무런 문제가 되지 않았다.

> 나는 양옆으로 묶은 머리에 바비 인형을 안고 다니던 철없는 시절에 새로운 친구들과 새로운 아이디어와 새로운 삶을 향해 하나님으로부터 멀어져 갔다.

오래지 않아 우리는 결혼에 골인하였고 나의 삶은 만족스러웠다. 우리는 자녀들을 낳기 시작하였으며, 주택과 자동차도 가지게 되었다. 한 여자에게 바랄 것이 더 이상 무엇이 있는가?

그런데 어느 2월의 금요일 아침, 나의 삶 전체와 내가 향하고 있는 삶의 방향을 재평가하게 될 전화벨 소리가 울렸다.

남동생의 목소리에 그만 넋을 잃었다. "아빠가 돌아가셨어! 그분이 가 버렸단 말이야!" 케니는 조용히 말을 이어 나갔다. "아빠는 말들에게 먹이를 주러 나가셨다가 다시는 돌아오지 못했어. 마구간에서 갑자기 심장마비를 일으키셨어. 그리고 그 자리에서 돌아가시고 말았어, 누나!"

그 일 이후 의심의 여지없이, 나는 하나님께서 그분께 주목하기를 원하신다는 것을 수년 만에 처음으로 깨달았다. 취학 전에 있는 세 아이들을 한 명씩 붙들면서, 이들을 위해서라도 하나님을 소원해야 한다는 것을 알았다. 내가 어렸을 때 배운 성경 이야기들을 그들에게 가르쳐 주고, 그들이 천국에 간다고 확신하기를 바랐다. 제임스 답슨(James Dobson)이 질문한 것과 같이, "너는 그곳 천국에서 발견될 것인가?"라는 말을 전해 듣지 못한다면 그들이 어떻게 그곳으로 갈 수 있단 말인가?

아버지의 죽음은 20여 년간의 나의 삶을 송두리째 흔들 만큼 슬프고 가장 의미 깊은 사건이었다. 그분의 빈자리가 아프고 아쉬웠지만, 그 일은 나의 삶과 자녀들의 삶에 커다란 전환점이 되었다.

장례식을 마친 이후 대부분의 주일을 교회에서 보냈다. 아이들은 교회의 가족 공동체 안에서 자랐으며, 세 아이 모두 예수님을 구세주와 주님으로 고백하였다. 우리 아이들이 아직 어리고 유연할 때에 하나님께서 개입해 주신 데 대해 나는 한없이 감사드린다. 할아버지가 없는 자리는 크지만 그보다 더 좋지 않은 일이 일어날 뻔하였다. 그들은 구세주 없이 자랄 수도 있었던 것이다.

영적인 사례들

성장이란 쉬운 일이 아니다. 하나님의 가지치기는 때로는 고통스럽다. 하지만 나는 그분의 소유이기 때문에 빌립보서 1:6의 "너희 속에 착한 일을 시작하신 이가 그리스도 예수의 날까지 이루실 줄을 우리가 확신하노라"고 약속하신 말씀을 믿는다. 그분은 고귀하신 아들의 형상으로 나를 변화시킬 상황 가운데로 계속 인도하실 것이다. 날이 갈수록 내가 그분의 아들의 모습으로 닮아가는 것이 그분의 목적이다. 그러나 삶의 상

하나님의 가지치기는 때로는 고통스럽다. 하지만 나는 그분의 소유이기 때문에, 그분은 고귀하신 그분의 아들의 형상으로 나를 변화시킬 상황 가운데로 계속 인도하실 것이다.

황을 하나님께로 나아가는 기회로 삼을 것인지 아니면 그 반대로 갈 것인지는 결국 나의 선택에 달려 있다. 그리고 올바른 선택의 관건은 기도에 있다.

성경에서 예를 찾아보자. 한 사람은 성장과 고난을 양팔을 벌려 포옹하였다. 또 한 그룹의 사람들은 외적인 양상에만 관심을 가졌다. 그리스도인들을 심히 핍박했던 사울이었던 바울을 생각해 보자. 보다 더 많은 신자들을 예루살렘의 감옥에 가두기 위해 다메섹으로 가던 중에 그는 살아 계신 예수 그리스도와 극적으로 만났다.

하늘에서 번쩍이는 찬란한 빛이 순식간에 그를 둘러 비췄다. 그는 땅에 엎드린 채 한 음성을 들었다.

"사울아, 사울아, 어찌하여 나를 핍박하느냐?"

"주여, 뉘시오니까?" 사울이 물었다.

"나는 네가 핍박하는 예수니라." 그분은 대답하셨고, "네가 일어나 성으로 들어가라 행할 것을 네게 이를 자가 있느니라"고 말씀하셨다 (행 9:3-6).

그때로부터 바울은 예수님을 대적하던 열정으로 그분을 섬기는 종이 되었다. 바울은 그의 생애 동안, 우리 중 어느 누구도

근접하지 못할 수많은 수모와 고난과 역경에 직면하였다. 그럼에도 불구하고, 그리스도에 대한 그의 사랑은 더욱더 강렬해져만 갔다. 구세주 예수님을 아는 지식과 은혜 안에서 자라가기 위하여 그는 바리새인으로서 힘 있고 권위 있는 신분을 기꺼이 포기해 버렸다.

바울은 영적 성장을 피할 수 없었을 뿐만이 아니라, 특권으로까지 여겼다. 그는 빌립보서에서 "그러나 무엇이든지 내게 유익하던 것을 내가 그리스도를 위하여 다 해로 여길뿐더러 또한 모든 것을 해로 여김은 내 주 그리스도 예수를 아는 지식이 가장 고상함을 인함이라 내가 그를 위하여 모든 것을 잃어버리고 배설물로 여김은 그리스도를 얻고 그 안에서 발견되려 함이니"(빌 3:7-9)라고 고백하였다. 아, 그분 안에서 발견되는 것, 그것이 바로 내 마음의 소원이며 외침이다!

바울은 10절에서 "내가 그리스도와 그 부활의 권능과 그 고난에 참예함을 알려 하여 그의 죽으심을 본받아"라고 계속 말한다. 바울은 그 희생과 대가가 무엇이든지 간에 그리스도를 아는 것만이 값어치 있는 귀중한 것임을 알았다.

바울의 삶을 이제 바리새인들의 삶과 대조해 보자. 그들은 인격적이고 성숙한 하나님과의 관계보다는 전통과 관습에 더 큰 무게와 가치를 둔 유대인 그룹이었다. 그들은 진실된 마음의 자세보다는 외양과 체면에 더 많은 관심을 가졌고, 큰 목소리의 기도를 중시했으며, 어깨걸이 기도 솔에 장식 술을 길게 달고 신앙이 독실한 체 행동하였다. 그러나 그리스도께서는 그들의 실체를 폭로하셨다.

 이 두 가지 경우의 차이점은 극명하다. 바울은 바리새인으로서 높고 힘 있는 권위를 가진 그들과 동일하게 시작하였다. 하지만 예수님을 구세주와 주인으로 선택함으로써 그의 삶은 전혀 다른 방향으로 나아갔다. 관계성이란 성장하고 발전하거나, 아니면 시들고 침체되어 가는 것이며 정지 상태로만 머물러 있는 것이 아니다. 나는 바울처럼 왕성하게 성장하고 활기에 넘치며 그리스도로 충만한 삶을 살기를 갈망한다. 당신의 생각은 어떠한가?

하나님의 말씀 숙고하기

- "범사에 그에게까지 자랄지라 그는 머리니 곧 그리스도라"(엡 4:15).
- "너희 믿음이 더욱 자라고 너희가 다 각기 서로 사랑함이 풍성함이며"(살후 1:3).
- "그러므로 우리가 그리스도 도의 초보를 버리고… 완전한 데 나아갈지니라"(히 6:1-2).
- "갓난아이들같이 순전하고 신령한 젖을 사모하라 이는 이로 말미암아 너희로 구원에 이르도록 자라게 하려 함이라"(벧전 2:2).
- "오직 우리 주 곧 구주 예수 그리스도의 은혜와 저를 아는 지식에서 자라 가라"(벧후 3:18).

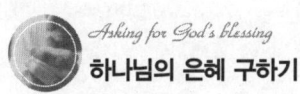
하나님의 은혜 구하기

하나님 아버지,

하나님을 알고 싶어하며 먼저 당신의 나라와 의를 구하고 당신에 대해 주리고 목말라하는 열망을 제게 주옵소서. 언제나 영적 성장이 제 삶에서 최우선순위가 되기를 소원하오며 모든 기회를 통해 더욱 당신을 체험하게 되기를 기도합니다. 주님의 말씀에 대한 깊은 사랑과 기도에 대한 열정을 주옵소서.

성장을 교회활동과 결코 혼동하지 말게 하시고, 저의 남편보다 교회 출석을 더 중요시하지 않게 하소서. 주께서 영광을 받으실 아내가 되기 위해 저의 온 몸과 마음을 쏟을 수 있게 도우소서. 아무도 저와 함께 가지 않더라도, 제게 힘과 용기를 주시고 결코 뒤돌아서지 않으며 저와 동행하시는 주님과 끊임없이 전진하는 열심을 주옵소서.

당신을 알고 당신의 자녀가 된 특권을 감사드립니다. 지극히 거룩하시고 지존하신 하나님 존전에 엎드리게 허락하심에 항상 저는 두려움으로 나아갑니다. 은혜의 보좌, 지성소 앞에 저를 초청하심을 결코 당연한 것으로 받아들이지 않게 하소서. 주님을 사랑합니다. 저를 사랑하심을 감사드립니다. 예수님의 이름으로 기도드립니다. 아멘.

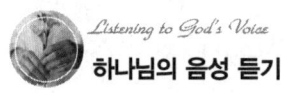

하나님께서 당신에게 성숙해지기를 요구하시는 분야들을 기록해 보자.

Chapter 02
그가 배에서 하선하다

그가 믿지 않을 때에도 믿음을 붙잡고 놓지 말라

여러 해 전 어느 점심시간에 세라는 내게 고백하였다. "남편 빌의 상태가 갈수록 심각해지고 있어요. 요전 날 저녁 식사시간에는 사실상 하나님의 존재 자체마저 부인하였어요." 세라의 안색에 드리운 슬픔은 그녀의 비통한 목소리에 베여 있었다.

나는 할 말이 없었다. 다만 마음이 아파 왔다. 믿는 남편이 배에서 하선하는 것을 지켜보는 것은 아예 믿지 않는 남편을 두는 것보다 더 힘들 것 같다는 생각이 들었다. 세라는 믿음의 길에서 배우자와 동행하는 즐거움을 누렸으나 결국 그것을 포기해야 하는 상황에 이른 것이다.

탄식 가운데 그녀는 말을 이었다. "그는 하나님을 단순한 신화로 약한 자들의 일개 버팀목으로 격하시켜 버렸어요. 그에게 무슨 일이 벌어진 건가요? 그가 어디로 가 버린 거지요?" 그녀의 질문 속에서 고통이 감지되었다. 무슨 말을 해야 할지 몰라 머리를 가로저었다.

영적으로 홀로 됨이란 해결하기 힘든 일이며, 불행히도 모든 교회들은 홀로 그리스도께 헌신하여 믿음의 길을 걷는 기혼자들을 포함하고 있다. 그들의 배우자들은 헌신에 미약하거나 또는 믿지 않는다. 더 유감스러운 일은 기쁠 때나 슬플 때나, 좋을 때나 싫을 때나 사랑하기로 맹세한 바로 그 당사자를 가정에서 조롱하고 비웃는다는 것이다. 어떤 연유로 멍에를 달리하게 되었든지 그 고통은 대동소이하다.

웨이터에게 식사를 주문하고 나서, 세라는 말을 계속했다. "나는 어떻게 해서 이런 일이 벌어졌을까 고민하고 답을 찾아 헤맸어요. 아주 어렸을 때부터 그리스도인과 결혼하리라고 결심했었거든요. 그리고 진정 그렇게 됐다고 생각했어요. 그는 어렸을 때 계절 성경학교에서 그리스도를 구세주로 모셨노라고 이야기했어요. 내가 무엇을 놓친 건가요?"

한 남자와 결혼했지만 결국 전혀 다른 남자로 드러났기 때문에 그녀는 속았다는 느낌뿐이었다. 인생 여정 어딘가에서 빌의 믿음은 날개가 돋아나 훨훨 날아가 버리고 만 것이다.

그녀는 회상하면서 눈물을 쏟아냈다. "우리가 데이트하기 시작했을 때, 하나님의 뜻과 복을 구하면서 함께 기도했어요. 우리가 결혼 후 피닉스로 이사하고, 가장 먼저 한 일은 성경을 믿는 건전한 교회에 나가는 것이었어요. 우리는 함께 세례를 받았고 정규적으로 예배에 출석했어요."

냉차가 도착하였고, 세라가 잠시 마음을 가라앉히도록 나는 질문을 했다.

"지금도 여전히 교회에 함께 출석하지 않나요?"

"함께 출석해요. 하지만 때때로 그가 오지 않았으면 좋겠어요. 그의 비판적이고 부정적인 태도는 나마저도 제대로 예배드릴 수 없게 악영향을 끼치거든요. 냉소적인 발언을 옆사람들까지 들을 수 있게 큰 소리로 말하기 때문에 나는 좌석 밑으로 들어가 숨고만 싶을 때가 있어요."

"정말 힘드시겠어요. 무엇 때문에 그가 그렇게 180도로 돌아섰는지 짐작 가는 게 없나요?"

"짐작이 가는 점이 있긴 해요. 옳은 일을 행할 때 그것은 당연히 축복으로 이어져야 한다고 생각한 것 같아요. 인생살이가 순조롭게 술술 풀려 나가고 우리 세 아들들은 실수하는 일이 없을 줄로 안 것 같아요. 하지만 그렇지 않았거든요. 우리 아이들은 항상 최선의 선택을 한 것이 아니었어요. 그래서 신앙에 환멸을 느끼고 회의에 빠졌는지도 모르겠어요."

샐러드를 먹으면서 세라는 말을 이었다. "아이들이 고등학교에 다닐 때, 빌은 신자와 비신자와의 차이를 전혀 볼 수 없노라고 비난했어요. 그는 '모두가 다 똑같은 문제를 가지고 있고, 어느 누구에게도 기적은 일어나지 않아. 신자들이라고 특별히 보호받는 것이 아니야. 하나님이 계신다면, 왜 사람들이 그 고통을 당하겠어?' 나는 그것이 변화하는 과정이려니 여겼어요. 변화의 단계에서 아직 벗어나지 못했을 뿐이라고 가볍게 생각했는데, 그는 시간이 갈수록 더욱 비판적이 되어 갔어요."

그날 나는 세라의 까다로운 문제에 정답이 있기를 바라면서 헤어졌다. 유감스럽게도 내게는 답이 없었다. 그러나 하나님은 답을 알고 계셨다.

새로운 희망

최근에 피닉스에서 열린 수련회에 참석했을 때, 세라와 나는 다시 한 번 점심을 같이하였다. 지난번 그녀를 만난 이후 몇 해 동안 하나님께서 그녀에게 가르쳐 주신 진리들과 성숙해진 그녀의 모습을 보고 나는 큰 힘을 얻었다. 하나님께서 세라에게 가르쳐 주신 교훈을 우리 모두가 배울 수 있을 것 같다. 나는 "지혜자는 타인의 실수를 통해서 배우고, 사람은 자기 자신의 실수에서 배우며, 우매자는 결코 배우지 않는다"라는 옛 격언을 좋아한다. 우리 모두는 지혜자가 되어, 서로에게 배우기를 원한다.

포옹으로 인사를 나눈 후 세라와 나는 구석에 있는 테이블로 안내를 받았다. 식사를 주문하고 나서 세라는 기세 좋게 하나님께서 예비하셨던 응답들을 나누기 시작하였다.

"나는 여러 해 동안 우리 삶이 어떻게, 왜 이 모양이 되었는지 그리고 그 외에 여러 가지 풀기 어려운 질문들을 해결해 보려고 고심하였어요."

"다른 질문들은 무엇이었나요?" 나는 물었다.

"우선, 나 스스로에게 질문해 보았어요. 빌이 그리스도인이 아닌 것을 내가 어렴풋이 의식하고 있었던 것은 아닌지 그리고 단지 기를 쓰고 그가 그리스도인이기를 간절히 원하고 있었던 것은 아닌지 의심해 보았어요. 이 같은 결과가 어쨌든 나의 잘못이 아니었던가? 하나님의 선택을 기다리는 것을 마지못해 하지 않았던가? 내가 결혼하고 싶어 안달이 나서 하나님의 축복없이 선두에 선 것은 아니었던가? 구체적이거나 쉽지 않은 논점들을 곰곰이 생각해 보았어요.

그런데 마침내 하나님은 그것이 문제가 되지 않는다고 말씀하셨지요. '빌은 나의 남편이고 그는 하나님의 뜻이며 지금 나를 위한 하나님의 계획이다. 내가 빌과 결혼하는 커다란 실수를 범했든지 그렇지 않았든지 그것은 무관한 일이다.' 하나님은 고린도전서 7:17 말씀으로 나를 이끄셨어요. '오직 주께서 각 사람에게 나눠 주신 대로 하나님이 각 사람을 부르신 그대로 행하라.' 나의 삶에서 나의 위치는 빌의 아내이고, 하나님께서는 내가 최선을 다해 빌의 아내가 되도록 나를 부르셨다는 것이에요.

하나님은 지존하시며, 로마서 8:28에서 약속하신 그대로 이것 역시 나의 삶에 합력하여 선을 이루실 것을 믿어요. 선을 이루시고 계신 사실을 이미 목격하고 있어요. 그와의 관계는 성장하였어요. 지금 그는 나에게 너무도 소중합니다. 이런 일들은 빌이 신자인 체 행동할 때 일어나지 않았어요. 나는 그저 추종자였고, 평범한 2류 신자의 길을 가는 빌의 뒤를 좇아가는데 만족했었지요. 그런데 남편이 믿음을 떠난

> 내 남편의 잘못된 길을 깨닫게 하거나 변화시키는 것은 내 임무가 아니다. 내가 아니고, 성령 하나님께서 죄를 자각하게 하시는 책임을 맡고 계신다.

와중에 하나님께서는 나를 그분과 보다 깊은 관계 속으로 이끌어 주신 것이에요.

나는 여러 측면에서 빌을 우상으로 만들었었어요. 그는 나의 사랑, 나의 헌신, 나의 신뢰를 차지했었지요. 그런데 믿기지 않게 들리실지 모르지만, 점점 왕성하게 성장하는 주님에 대한 사랑 때문에 나는 빌과 한층 더 친밀해졌답니다. 빌은 더 이상 나의 모든 필요를 채워 줄 필요가 없었어요. 그는 나의 모든 기대에 부응하지 않아도 됩니다. 모든 상처, 분노, 괴로움을 처리한 이후, 나는 빌이 그저 남편인 것만으로 족한 자유를 얻었어요. 그가 신자든지 아니든지 관계없이 나는 그를 사랑해요. 지금 나는 그렇게 할 수 있어요."

나는 말했다. "우와, 당신 크게 성장하셨군요!" 그녀의 변화된 모습에 깜짝 놀랐다.

세라는 계속했다. "하나님께서는 우리가 원한다면 우리 내면에 기적을 행하실 수 있어요. 그 음울한 날들을 통해서 그분이 내게 가르쳐 주신 또 한 가지 사실은 남편의 잘못된 길을 깨닫게 하거나 변화시키는 것이 내 임무가 아니라는 것이에요. 내가 아니고, 성령 하나님께서 죄를 자각하게 하시고 관리 감독하십니다. 빌이 선택하는 것에 대한 책임을 내가 지지 않는다는 것이에요. 하나님 앞에서 홀로 그 자신만이 그의 선택에 대한 책임을 지는 것이지요.

하지만 나는 그를 위해 기도할 책임을 느낍니다. 하나님의 은혜의 보좌 앞에 남편을 들어 올릴 때, 그분은 성경말씀을 가르쳐 주십니다. 또 한 가지 책임은 나를 그리스도로 채우고 그분이 나를 변화시키시며 나로 능하게 하셔서 내게서 그분이 드러나게 해야 한다는 것입니다. 내가 정죄하지 않고 비판적 태도가 아닌 삶을 나눌 때 하나님께서 가르치시는 것을 그가 보다 쉽게 받아들인다는 것을 알았어요. 그는 나의 의견이나 교리를 듣고 싶어하지 않아요. 그러나 그리스도와 나의 인격적인 관계와, 나의 일상의 선택에서 어떻게 영향을 끼치고 작용하는지에 대해 관심을 가지고 있습니다. 이런 기회들이 하나님께서 내게 주신 선물이라고 믿어요. 또 내가 하나님의 향기라는 것을 상기하려고 애쓰고 있습니다. 따라서 나는 그 향기에 상응하는 말, 행동, 생각, 태도를 가져야 해요!"

나는 물었다. "우리가 가장 사랑하는 사람들에게 왜 가장 경건하지 못한 행동을 하는 걸까요?" 그리고 조용히 이어 물었다. "남편은 여전히 함께 교회에 나가시지요?"

"네, 그런데 아직도 그것은 가장 힘든 부분이에요. 그는 주일학교에는 참여하거나 나가고 싶어하지 않아요. 그래서 나도 상관하지 않았어요. 고독하지만 호젓함을 느끼지요. 주중 여성

성경 강좌에 출석하는데 그것이 도움이 돼요. 부정적이고 비판적인 남자의 압박을 받지 않고 혼자 나가시는 당신이 나는 거의 부러울 정도예요."

"나는 그가 교회에 가기만 한다면 그를 어떻게 해서든 데리고 갈 것이기 때문에 당신이 부러운데요!"

세라는 말했다. "내가 가진 것보다 남의 물건이 더 커 보이는 것 같아요."

정말 그렇다. 그러나 사실은 좀처럼 그렇지가 않다.

자유를 얻다

세라가 전해 준 진리들이 고마웠다. 남편들을 놓아 주고 하나님의 신실하신 손길에 의탁함으로써 찾게 되는 진정한 자유에 대한 그녀의 통찰력이 소중하기 때문이다. 그 해결책의 열쇠와 실마리를 발견하는데 나는 거의 20년이란 세월이 걸렸다.

마침내 남편에 대해서 하나님을 신뢰하기를 배우고 결혼생활과 남편을 즐거워함으로써 우리의 결혼생활을 최대한으로 누렸을 때, 엄청난 자유가 뒤따랐다. 믿음이 우리의 발을 걸어 넘어지게 하는 대신, 마침내 우리의 관계를 향상시켜 주었다. 예전에는 그렇지 못했지만 지금은 그를 '친구'라고 부를 수 있다. 하나님은 남편을 조건 없이 사랑하고 남편 그대로를 받아들이며, 그가 서 있는 위치에서 수용할 것을 가르쳐 주셨다. 그를 변화시키는 일은 하나님의 몫이다.

자유는 또한, 이런 결혼생활이 나를 위한 하나님의 선하시고 온전하신 뜻이라는 것을 깨닫고 받아들이는 데 있었다. 나의 선택이 어떻게 풀려 가려는지에 대해 그분은 놀라시거나 방심하지 않으셨다. 나는 지나간 과거의 잘못에 얽매이지 않고 오늘 최선을 다해야만 한다. 후회는 나를 내리누르고 믿음이 솟아오르는 것을 막는 것 이외에 아무런 쓸모가 없다. 그분 안에서는 어떤 곤경도 믿음을 강화시키는 밑거름이 될 수 있다.

> 그리스도의 향기가 그만큼 분명해서 내 안에 계신 그분의 임재의 열매가 나의 가정, 나의 가족, 나의 남편에게 끊임없이 그리고 누가 보아도 바로 알 수 있게 눈에 띄어야 한다.

남편들의 삶에 그리스도의 향기가 되라고 권유하는 세라의 도전이 감사하게 생각된다. 솔직히 말해서, 나는 종종 그렇지 못하다. 그야말로 배우고 실천하는 것이 얼마나 위대한 교훈인가! 하나님의 말씀을 살펴본 결과, 예수님의 아름다운 향기됨에 대해 내가 발견한 것들은 다음과 같다. 믿는 사람과 믿지 않는 사람 그리고 무엇보다 남편이 내 안에 계신 예수님을 발견하고 식별할 수 있어야 한다. 내가 만나는 누구에게나 내가 하나님께 속한다는 것이 명백하여야 한다. 그것이 내게 사실인지 의문해 본다. 더욱 중요한 것은 딘을 향하여 그것이 사실이었던가?

나는 향기에 대해 그리고 그 향기가 어떻게 방안과 집안 전체에 퍼지는지에 대하여 많이 생각해 보았다. 나는 양초를 좋아하며 양초 한 자루만 켜도 방안은 향기로 가득하다. 그 향기는 집안의 다른 방에까지 스며든다. 빵을 구울 때도 마찬가지다. 내가 마니코티(굵직한 파스타)를 만들 때, 현관으로 들어서면 집안이 온통 오레가노, 마늘, 바질 향미료의 향기로 가득하다.

그와 동일한 일이 나에게 있어야 한다. 그리스도의 향기가 그만큼 분명해서 내 안에 계신 그분의 임재의 열매가 나의 가정, 나의 가족, 나의 남편에게 끊임없이 그리고 누가 보아도 바로 알 수 있게 눈에 띄어야 한다. 갈라디아서 5:22-23에 있는 말씀을 통해 그분의 임재가 나의 삶 속에서 성령님으로 말미암아 구체화되는 것이다. 나의 삶 속에 드러나는 "사랑, 희락, 화평, 오래 참음, 자비, 양선, 충성, 온유와 절제"는 내가 예수님의 향기를 품고 있다는 사실을 확증하는 것이다.

영적인 사례들

나는 믿음의 방주에서 하선하는 개념을 묘사하는 대조적인 두 경우를 성경에서 발견했다. 첫 번째는 잠시 동안 하나님으로부터 도망하였으나, 다시 돌아와 순종한 요나이다. 두 번째는 데마라는 인물로 부르심을 버리고 떠났으며, 우리가 아는 바로는 주저하지 않고 떠났다.

요나는 옛 선지자 중의 한 사람으로 순종치 않고 도망한 것으로 유명하다. 그의 이야기는 익히 잘 알고 있을 것이다. 하나님께서는 요나에게 유명한 앗시리아 왕국의 수도인 니느웨로 가서 그들에 대한 하나님의 심판을 예고하라고 부르셨다. 그는 "감사합니다. 하지만 싫습니다"라고 말하고는 하나님의 지시를 건너 뛰어 도망하였다. 실제로 그는 반대 방향으로 향했고, 주의 낯을 피하여 서쪽으로 가는 배에 올라탔다.

그런데 다른 사람은 몰라도, 나 역시 주님으로부터 달아나려고 해 보았지만 결코 성공하지 못했다. 요나에게도 불가능한 일이었다. 일단 그들이 바다에 이르렀을 때, 주께서는 배에 탄 모든 사람들의 생명을 위협하는 맹렬한 폭풍을 보내셨다. 선원들은 그들 중 누가 신들을 노엽게 하였는지 범죄자를 찾으려고 제비뽑기를 하였다. 결국 요나임이 드러났고, 요나는 바람을 잠재우기 위해서는 자기를 물속에 던져야 한다고 말했다. 여타의 모든 방법에도 실패한 그들은 결국 그를 물속으로 던져 넣었다.

주께서 거대한 물고기를 보내 요나를 삼키게 하셨고, 물고기 뱃속에서 그는 삼일 주야를 보내야 했다. 그는 그곳에서 하나님께 부르짖었고, 그의 모든 맹세를 지키겠다고 약속하였다. 물고기가 그를 해변에 토해 낸 이후, 다시 주께서 그를 니느웨로 보내시매 그는 순종하였다.

어떤 이들은 요나처럼 잠시 믿음을 떠나지만, 어떤 이들은 다시는 돌아오지 않는 것 같다. 데마는 바울의 동역자로서 적어도 한 차례 이상 바울과 함께 선교여행에서 사역하였다. 그는 성경에 세 번 언급되었으며, 그 중 두 번은 인사와 안부를 전하는 경우였다. 그러나 세 번째에서 바울은 "너는 어서 속히 내게로 오라 데마는 이 세상을 사랑하여 나를 버리고 데살로니가로 갔고"(딤후 4:9-10)라고 썼다. 그는 하나님을 섬기던 자리에서 세상 사랑에 마음이 빼앗기고 말았다. 아마도 그런 과정에서 바울의 발목을 묶은 것 같다.

짧은 이 두 구절들은 왠지 모르게 내 마음을 아프게 한다. 우리는 믿음의 길을 갑자기 선회하여 방향을 바꾼 얼마나 많은 이들을 알고 있는가? 그리스도 안에서 필요한 모든 것을 얻을 수 있는데, 공허한 곳에서 성취를 추구하면서 세상 것과 사랑에 빠지는 이들을 볼 때 마음이 쓰라린다.

농락당하지 말자. 이 세상은 결코 예수님께서 가져다주시는 진정한 평안과 만족과 기쁨을 제공해 주지 못한다. 그분의 기쁨은 환경에 기초하지 아니하고, 우리의 삶 가운데 계신 그분의 임재에 근거한다.

나는 얼마 전 친한 친구의 스물네 살 된 아들, 브라이언의 죽음의 길에 함께하였다. 그는 백혈병으로 고통스러워했지만 영혼은 손상당할 수 없었다. 죽음이 가까워 오자 아내와 가족들에게 하직인사를 나눠야 했음에도, 브라이언은 주님의 기쁨으로 빛났다. 이 세상은 그를 얽어매지 못하였으며, 하나님께서는 나이에 의해서라기보다는 그분의 사랑으로 사람들을 얼마나 감동시키고 어루만졌느냐에 따라 측정하신다는 것을 그의 장례식에서 깨달았다. 그렇다면 그는 자신의 역할을 충분히 감당하고 죽은 것이다. 나도 브라이언처럼 신실한 사람으로 하나님 앞에서 발견되기를 소원한다.

하나님의 말씀 숙고하기

- "너희 속에 착한 일을 시작하신 이가 그리스도 예수의 날까지 이루실 줄을 우리가 확신하노라"(빌 1:6).
- "모든 무거운 것과 얽매이기 쉬운 죄를 벗어 버리고 인내로써 우리 앞에 당한 경주를 경주하며"(히 12:1).
- "내가 선한 싸움을 싸우고 나의 달려갈 길을 마치고 믿음을 지켰으니"(딤후 4:7).
- "나의 달려갈 길과 주 예수께 받은 사명 곧 하나님의 은혜의 복음 증거하는 일을 마치려 함에는 나의 생명을 조금도 귀한 것으로 여기지 아니하노라"(행 20:24).
- "오직 한 일 즉 뒤에 있는 것은 잊어버리고 앞에 있는 것을 잡으려고 푯대를 향하여… 좇아가노라"(빌 3:13-14).

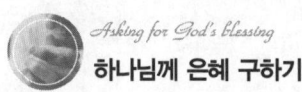
하나님께 은혜 구하기

하나님 아버지,

세라에게 그러셨듯이 가망이 없는 상황으로 보일 때, 소망을 새롭게 하시고 감당해 나가는 데 필요한 힘과 용기를 부여하심을 감사드립니다. 어떤 난관을 만나도 당신께 내어맡겨 드리면, 그것이 제 삶에 선으로 작용하도록 활용하십니다. 하나님의 약속의 말씀을 상기하게 항상 저를 도우소서. 또 필요시에 그 약속을 제가 주장하게 하소서.

어차피 제가 통제할 수 없는 일들을 주 앞에 내려놓았을 때, 자유를 주셔서 감사드립니다. 이미 지나간 어제의 잘못에 대해 괴로워하거나 내일 다가올지도 모르는 위기에 대하여 염려할 필요가 없고, 오늘 제가 당신 안에 안식해야 할 필요만 있는 줄 압니다. 더욱 깊이 주님을 알아가는 목표를 향하여 매진하게 도우소서.

주님, 제 삶에서 예수님의 아름다운 향기를 퍼트리는 일에 부단히 노력해야 할 필요를 절실하게 느낍니다. 저는 자기중심주의와 성가신 잔소리나 실망의 냄새를 자주 풍깁니다. 예수님의 따스하고 친절하며 치유를 가져다주는 향기가 되기를 소원합니다. 제가 만나는 모든 사람들이 나와 더불어 주님과 만나기를 소원합니다. 남편이 나를 볼 때 그가 보는 모든 것이 그리스도가 될 때까지 저를 변화시켜 주소서. 예수님의 존귀하신 이름으로 기도드립니다. 아멘.

하나님의 음성 듣기

남편에 대한 당신의 책임에 대해서 하나님은 무엇을 말씀하시나요?

Chapter 03
드디어 항복하다!

그가 예수님께 모든 것을 드리지 않을 경우

줄리는 첫 번째 남편에게서 받은 상처와 배신 때문에 또 다른 관계를 맺고 싶어하지 않았다. 자기를 도와주려고 노력하던 선의의 친구들에게, 그녀는 로맨스 소설가로서 말했다. "난 내 남자들을 내 책 속에나 간직할 거야. 그리고서 그들의 행실이 부정할 땐, 내가 해야 할 일은 '삭제'만 누르면 되는 거야." 삶이 그처럼 간단하기만 하면 얼마나 좋겠는가.

그녀의 아파트 수영장에서 이루어진 만남은 그녀의 결심을 흔들리게 만들었다. 그녀는 일이 잘 풀리지 않은 날이면 스트

레스도 풀 겸 수영장을 몇 바퀴씩 돌곤 했었다. 그러던 어느 날 친구의 소개로 로버트를 만났다. 친구가 양해를 구하고 자리를 뜨자 로버트와 줄리는 정중하지만 숨김없는 대화를 시작하였다. 관심의 불똥이 당겨진 것이다.

줄리는 인정하였다. "우리는 한 주 사이에 상당히 가까워졌어요."

30대 중반의 독신자인 로버트는 지금까지 결혼하지 않은 이유가 결혼이란 평생을 위한 것이라고 믿기 때문이라고 말했다. 또한 남은 생애를 함께 보내고 싶은 반려자를 아직 만나지 못하였다고 줄리에게 토로하였다.

"가치기준을 책임감에 두는 것이 다른 무엇보다도 나를 감동시켰어요. 정직과 진정한 헌신에 전혀 가치를 두지 않았던 사람과 나는 결혼했었거든요."

로버트와 줄리는 3개월 반 만에 약혼을 하고 그 다음 해에 결혼을 하였다. 로버트가 타 도시에서 오고 가며 만났기 때문에 그들의 관계는 약 200km 거리에 걸쳐 있었다. 그 같은 거리는 그가 알코올 중독자라는 사실을 쉽사리 숨길 수 있게 하였다.

줄리는 말했다. "로버트는 십대 후반에 그리스도를 영접했지만 중독 때문에 전혀 자라지 못했어요. 나는 순진했고 훨씬 뒤늦게까지 그 증상들을 알아차리지 못했어요. 난 알코올 중독자들은 도랑에 흠뻑 빠져 사는 줄 알았는데 그 중 많은 이들이 우리와 똑같은 기능과 역할을 하고 직업생활을 하더라고요."

그들의 결혼 초기는 둘 다 하나님과 가까이 살지는 않았지만 그런대로 괜찮았다. 로버트는 술을 마셨고, 줄리는 이전 남편에게 받은 상처에서 완전히 치유되지 않았다. "나는 이 세상의 염려로 답답했고 힘겨웠어요." 그녀는 고백하였다.

"우리는 정규적으로 교회에 출석하지 않았어요. 나는 대체로 TV 예배를 드렸지요. 로버트와 함께 교회를 선택하고 싶다는 핑계를 대고 있었지만, 돌아보면 마땅히 살아야 할 모습대로 살지 않았기 때문에 교회에 노출되는 것을 회피하고 있었던 것 같아요. 내가 다른 그리스도인과 함께하고 싶지 않은 이유는 그들의 삶이 나의 빈약한 선택을 조명해 주었기 때문이었어요."

로버트는 거반 죽음에 이르러 병원 신세를 졌고, 줄리는 지나치게 과한 술을 마시는 남자와 결혼하고 말았다는 현실 앞에 직면하였다. 좋은 소식은 하나님께서 그녀를 로버트와의 관계를 통해서 십자가 앞으로 이끄신 사실이다. 그분은 또한 그의 일에 일일이 간섭해야 하는 데서 자유를 주셨다. 아무도 중독자를 통제할 수 없다.

줄리가 그녀의 이야기를 할 때, 나는 우리 아들의 고등학교

합창단에서 부르던 복음성가의 메시지가 떠올랐다. "예수님이 네가 가진 모든 것임을 발견한다면, 그분이 너의 모든 필요가 되심을 깨달으리라." 하나님께서는 모든 인생들의 삶에서 때로는 우리 자신의 극한의 밑바닥까지 이끄시는데, 바로 거기서 우리는 그분을 만나고 그분이 제공하시는 모든 풍요를 발견하게 된다.

줄리는 종국에 이르러 예전에 출석하던 교회의 신자를 만났다. 그는 알코올 중독을 극복한 훌륭한 상담자였다. 그는 로버트와 줄리 곁에서 깊은 골짜기를 함께 통과하여 주었다. 그의 가정에서 가지는 소그룹 모임에 그들을 초청하였고, 그들은 정규적으로 교회에 출석하기 시작하였다. 그것은 줄리에게 의미심장한 전환점이었다.

> 나의 심장의 부르짖음은, 그리고 내가 믿기는 모든 여성들의 중심의 외침은, 자기 남편이 가정의 영적 리더가 되는 것이에요.

"나는 집으로 온 것을 알았어요. 내가 원래 속한 곳으로 돌아왔고, 하나님께서는 내 삶 가운데 중요한 일을 시작하셨어요. 하지만 로버트는 아직 거기에 미치지 못하였지요. 그는 버둥거렸고 결국 몇 차례 더 병원 신세를 지게 되었어요." 그 후 8년 동안 그의 투쟁은 정서적으로 그리고 경제적으로 그들을 고갈시켰다.

"나의 심장의 부르짖음은, 그리고 내가 믿기는 모든 여성들의 중심의 외침은, 자기 남편이 가정의 영적 리더가 되는 것이에요. 내가 이전에 통제하려고 노력하던 것들을 더 이상 상관하지 않고 내려놓으면서 나는 다방면으로 주님을 더욱더 찾게 되었어요. 하나님께 굶주렸고 생명의 양식을 먹으면서 주님은 나를 변화시키셨어요. 로버트는 조용히 나의 변화를 지켜보았지요. 내가 로버트의 삶에서 하던 성령님의 역할을 중단하였어요. 내가 물러서면 물러설수록 하나님께서 일하실 수 있는 자리와 공간이 생겨났고요.

약 1년 남짓 전에, 그에게 가장 심각한 알코올 중독 사건이 벌어졌어요. 더 이상 어찌할 바를 몰랐지요. 나는 급속하게 무너졌고 전적으로 의지하는 것 외에는 아무것도 할 게 없었어요. 나는 결혼생활을 구제할 수가 없다는 절망감에 빠졌어요. 그런데 하나님께서는 말라기의 말씀을 통해 그분의 뜻을 전해 주었지요. '이스라엘의 하나님 여호와가 이르노니 나는 이혼하는 것을… 미워하노라'(말 2:16). 나는 즉시 결혼생활을 구하시려는 하나님의 약속이심을 마음속 깊이 알았어요.

나는 모든 것을 그분께 넘겨 드렸으며 지난 여러 달 동안에 기적을 목격하였어요. 나는 걸어 다니는 기적과 함께 살고 있어요. 로버트는 항복하고 술을 끊었고 지금은 말씀을 읽기까지 한답니다! 우리가 자라 가는 토양은 말씀이에요. 우리는 말씀의 양식을 먹어야 해요. 로버트를 다르게 만든 것이 바로 말씀이었어요. 거의 30년 전에 그가 그리스도를 만났음에도 불구하고, 마침내 그분께 돌아와 항복하고 그분을 자신의 주인으로 모신 거예요.

　이 모든 고통에도 불구하고, 우리는 결코 서로간의 헌신을 잃지 않았고 하나님께서 우리를 합치게 하셨다는 사실을 놓치지 않았어요. 우리는 우리의 결혼생활을 끝까지 원했지요. 이제 로버트와 나는 교회에 출석하는 것뿐만 아니라 워십 팀에서 찬양으로 섬기고 있어요!"

줄리의 교훈

나는 줄리에게 그녀와 비슷한 상황에 처해 있는 여성들에게 희망과 격려의 메시지를 부탁했다.

- 하나님을 추구하고 주님의 발자취를 좇으라.
- 그분의 말씀에 먼저 순종하라.
- 매일 더 깊이 주님과 사랑에 빠지라.
- 하나님께 배우자를 변화시켜 달라고 구하기를 그만두고, 당신

자신을 변화시켜 달라고 구하라.

- 그것이 당신과 상관된 것이 아니라 예수님과 상관되는 것을 기억하라.
- 당신 자신에게서 시야를 떼어 그분께 초점을 맞추라.
- 하나님의 용서를 받아들이고 자신을 용서하라.
- 책임질 수 있는 신자들의 소그룹에 들어가라.
- 민감하고 지혜로우라. 남편이 당신보다 열등하게 느끼게 하지 말라.
- 말이 필요 없는 순종의 삶을 그에게 보이라.

줄리는 말했다. "예수님의 얼굴을 구하세요. 하나님을 추구하면 추구할수록 그분은 나를 더욱 변화시킬 거예요. 인생은 멋있고 안심할 수 있는 것이 아니라, 주를 위해 내가 무엇을 할 수 있는가가 핵심이에요. 어떻게 나는 그분을 위해 오늘을 바로 살 수 있을까? 어떻게 그분을 보다 효과적으로 섬길 수 있을까? 내가 이런 일들에 집중할 때에 하나님께서는 그분이 기뻐하시는 대로 자유롭게 마음껏 역사하실 수 있으시죠.

우리가 당면할 수밖에 없는 모든 일에 그분은 우리를 준비시키시고 필요한 지략과 제반도구들을 부여하여 주세요. 그분은 우리가 연약하고 망가지기 쉬움을 아십니다. 여러 해에 걸쳐 제가 배운 교훈 중에 하나는, 아버지의 사랑의 손길을 거치지 않은 것은 아무것도 성장에 다다르지 않는다는 것이에요. 그 사실을 미루어 안다면 어떤 위기가 발생하더라도 나는 버텨 나가고 견고하게 설 수 있어요. 좋지 않은 일들도 생길 수 있어요. 내가 타락한 세상에 살고 있기 때문이에요. 또는 바람직하지 못한 선택을 하였기 때문이에요. 그러나 이유가 어떻든, 내 삶이 통제할 수 없게 느껴지든, 하나님이 통치하고 계시다는 사실을 파악함으로써 결정적인 차이가 생기는 것이지요."

다른 사람들의 교훈

엘렌의 남편 데이빗 역시 알코올 중독자이다. 그러나 그는 그리스도를 찾지 않는다. 엘렌은 속으로는 수백 번 죽으면서도 겉으로는 아무 일이 없다는 듯 데이빗과 수년 동안 살아 왔다. 그는 술에 취했다 하면 정서적인 학대뿐 아니라 공격적인 행동도 서슴지 않았다. 그는 성을 내는 비난자가 되었다.

엘렌은 친척들을 멀리하고 친구들이 너무 가까이 오지 못하도록 주의를 기울였다. 그녀는 존재하지 않는 완전한 세계의 외관을 그려 놓고 그것을 붙들고 살았다.

중독을 감추는 것은 화염에 기름을 끼얹은 격이다. 데이빗을 감추어 주고 그를 위해 거짓말을 하며 그의 행동을 변명하는 것은 오로지 상황을 악화시킬 뿐이었다.

한편, 줄리는 두어 번 정도 자신의 이야기를 너무 많은 사람들에게 한 것을 인정하였다. "나는 맨 앞줄에서 '나 여기 있소' 하면서 모든 사람에게 모든 사실을 말하는 그런 종류의 사람같이 되고 말았어요. 난 영적으로 통찰력 깊고 신중해야 함을 배웠어요. 하지만 또한 알코올 중독자의 아내로서 나를 위해 기도해 주는 후원자들이 필요했어요. 감사하게도 신뢰하는 사람들에게 기도 요청을 했지만 남편의 어려운 처지를 온 세상에 알린 것은 아니었어요."

나는 두 사람을 통해서 중독적인 행동을 하는 사람들을 대할 때, 삶의 다른 영역에서와 마찬가지로, 무엇을 말하고 누구에게 얼마만큼 이야기해야 하는지 균형이 필요하다는 것을 알았다. 자신의 이야기를 하고 지원을 받지 못하는 것 사이에는 미묘한 차이가 존재하는 것 같다.

당신의 배우자가 어떤 종류의 중독에 시달리든지 줄리의 충고를 유념하여 보라. 그녀는 남편 로버트가 항복하기 이전에 이미 모든 지각에 뛰어난 그분의 평강을 얻었다. 줄리의 간증에서 로마서 8:28, "우리가 알거니와 하나님을 사랑하는 자 곧 그 뜻대로 부르심을 입은 자들에게는 모든 것이 합력하여 선을 이루느니라"는 말씀의 증거를 본다. 하나님께서는 복구가 불가능한 상황을 회복시키시고 선한 것을 이끌어 내신다. 그분은 줄리를 위해서 그렇게 하셨고 나를 위해 그렇게 하셨으며 당신을 위해서도 그렇게 하실 것이다.

영적인 사례들

빈약하게 시작했으나 강성하게 끝낸 사람과 유망하게 시작했으나 졸렬하게 끝맺은 두 사람을 살펴보자. 먼저 사사 중의 한 사람이었던 삼손을 보자. 그는 태어날 때부터 나실인으로 구별되어 하나님을 섬기기 위해 바쳐졌으나, 나실인의 맹세를 경시한 사람이었다. 그는 악인들과 친밀한 관계를 유지하였고 육욕에 사로잡혔다. 그에게는 육체적인 막강한 힘이 있었음에도 유혹에는, 특히 들릴라의 유혹에는 약했다. 삼손은 대부분의 삶을 자신의 일을 하면서 소비하였다. 그는 들릴라와 사랑에 빠졌으나, 그녀는 그의 힘의 근원을 알아내려고 적들과 함께 음모를 꾀했다. 그녀의 최종적인 목표는 그의 힘의 비밀을 확인하고 블레셋인들에게 누설해서 삼손을 무력하게 하는 것이었다.

그녀는 여러 번 물었으나 그는 항상 거짓말로 일관하였다. 그러나 집요하게 졸라대는데 견딜 장사는 없다. 그는 마침내, 그의 힘이 한 번도 자르지 않은 머리카락에 있노라고 자백하고 만다. 그녀는 그를 잠들게 한 후 사람들을 불러 일곱 가닥으로 땋은 머리를 자르게 하였다. 주님도 떠나시고 그의 힘도 사라지고 말았다.

블레셋인들은 그를 덮쳐 눈알을 도려내고 감옥에 가두어 맷돌을 갈게 하였다. 그리고 그들의 신전에서 그를 희롱하며 즐기려고 감옥에서 끌어내었다.

삼손은 자기 손을 붙든 소년에게 "나로 이 집을 버틴 기둥을 찾아서 그것을 의지하게 하라"고 부탁했다. 신전에는 삼손이 재주 부리는 것을 보려고 수많은 사람들이 모여 있었다. 그때 삼손이 여호와께 부르짖는다. "여호와여 구하옵나니 나를 생각하옵소서. 하나님이여 구하옵나니 이번만 나로 강하게 하사 블레셋 사람이 나의 두 눈을 뺀 원수를 단번에 갚게 하옵소서." 그리고 나서 삼손은 "집을 버틴 두 가운데 기둥을 하나는 왼손으로 하나는 오른손으로 껴 의지하고 가로되, '블레셋 사람과 함께 죽기를 원하노라' 하고 힘을 다하여 몸을 굽히매 그 집이 곧 무너져 그 안에 있는 모든 방백과 온 백성에게 덮이니 삼손이 죽을 때에 죽인 자가 살았을 때에 죽인 자보다 더욱 많았더

3장 드디어 항복하다!

라"(삿 16:26-30).

주께서는 삼손에게 마지막에 가장 큰 승리를 허락하셨다. 그가 하나님의 도우심을 구하고 부르짖었기 때문이었다. 삼손은 시작부터 끝까지 그의 생애와 경주를 승리로 이끌 모든 기회를 가지고 있었으나 인생 여정의 마지막에 이르기까지 주님과 경주를 시작하지도 않았다.

그러나 유다의 이야기는 전혀 다르다. 유다는 열두 제자의 한 사람으로서 예수님과 함께 많은 시간을 보냈다. 외관상으로 그는 선해 보였다. 그런데도 마지막에 은 삼십에 그리스도를 팔고 입맞춤으로 그분을 배신하였다. 그는 자신의 결정을 후회하고 스스로 목숨을 끊었다. 유망한 시작을 한 것 같았으나 비참한 결말에 이른 것이다.

어떻게 시작하느냐가 아니라 어떻게 마치느냐가 중요한 것을 기억하라. 나는 나의 전 생애가 복종의 삶이기를 원한다. 삼손처럼 자기 일에 열중하는 자기도취의 삶을 살다가 장렬한 마지막을 맞이하는 삶을 원하지 않는다. 또한 속은 부서지고 무너지는데 겉모양만 훌륭하게 보이는 삶도 원하지 않는다.

하나님의 말씀 숙고하기

- "예수께서 이르시되 나의 양식은 나를 보내신 이의 뜻을 행하며 그의 일을 온전히 이루는 이것이니라"(요 4:34).
- "나의 달려갈 길과 주 예수께 받은 사명 곧 하나님의 은혜의 복음 증거하는 일을 마치려 함에는 나의 생명을 조금도 귀한 것으로 여기지 아니하노라"(행 20:24).
- "이제는 행하기를 성취할지니 마음에 원하던 것과 같이 성취하되 있는 대로 하라"(고후 8:11).
- "주 여호와여 주께서 큰 능과 드신 팔로 천지를 지으셨사오니 주에게는 능치 못한 일이 없으시니이다"(렘 32:17).
- "보라 주 여호와께서 장차 강한 자로 임하실 것이요"(사 40:10).

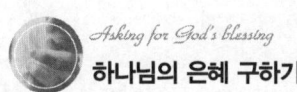
하나님의 은혜 구하기

지존하신 주 하나님이시여,

주께서 통치하고 계시기에 제가 통치하지 않아도 됨을 감사드립니다. 때때로 그 사실을 잊어버리고 스스로 주도권을 잡으려고 애쓰던 저를 용서해 주세요. 삶이 힘들고 어려울 때 제가 처한 상황이 무엇이든지 당신의 사랑의 손길이 지키고 계심을 기억하게 도우소서. 제 삶 가운데 허용하신 것이 무엇이든 그것을 통하여 더 큰 선을 이루시고 더 큰 영광을 받으시기 위함임을 염두에 두게 하소서.

주님, 남편이 어떤 중독과 씨름하지 않을지라도, 제가 당신을 추구하고 주님의 발자취를 좇으며 당신의 말씀에 순종하게 하시고 매일 주님과 더 깊은 사랑에 빠질 수 있게 도우소서. 님을 변화시켜 달라고 기도하는 요청을 이제 중단하고 대신 저를 변화시켜 주시기를 간구합니다. 나의 생애는 나에 관한 것이 아니고 당신에 관한 것임을 기억하고, 나를 향한 시야를 떼어 주님께 초점이 맞추어지기를 원합니다.

당신의 용서를 받아들여 저 자신을 용서하게 가르쳐 주소서. 남편이 저보다 열등한 것처럼 느끼게 행동하지 않도록 저를 도우소서. 저의 중심의 소원은 말이 필요 없는 순종의 삶을 그에게 보이는 것입니다. 그리고 믿는 남편을 두지 못한 아내들에게 책임감을 제공하는 신자들의 소그룹을 예비해 주옵소서. 영광 받으실 예수님 이름으로 기도합니다. 아멘.

하나님의 음성 듣기

하나님께서 원하시는 태도나 행동의 변화는 무엇일까요?

Chapter 04
갈망하는 마음

건전한 사고력 계발하기

사람들로 가득 찬 예배당 뒤쪽 좌석에 앉은 나는 이 가족으로부터 저 가족에게로 시선을 옮겼다. 앞쪽에 자리한 커플이 서로 바싹 다가앉으며 끌어안을 때, 순간적으로 그리움의 고통이 내 마음을 가득 메웠다. 또 어떤 남편은 아내의 어깨를 감싸고는 자기 쪽으로 끌어당겼다. 목사님은 힘차게 말씀을 선포하고 있었으나, 나는 내 고통과 불행에 집중하고 있었기 때문에 말씀이 저만치서 웅웅거렸다.

모든 좌석에는 행복하고 사랑하는 커플들이 자리를 차지하고 있었다. 남자마다 아내를 두고 있었고, 나만 빼고 나머지 여자들은 남편과 함께 있었다. 나의 가슴속에 깃들어 있는 아픔은 더욱 강렬해져 갔다. 나는 어느 곳에서보다도 교회에서 가장 큰 외로움을 느꼈다. 나에게 가장 중요한 사람이 옆에 앉아 함께하는 것을 그토록 갈망하였으나 그는 집에 머물고자 하였다.

'제발, 그가 나온다면 얼마나 좋을까.' 그와 함께 좌석에 바싹 다가앉아 성경 한 권을 가지고 번갈아가며 성경구절을 찾는 모습을 그려 보았다. 그는 물론 나보다 성경을 더 잘 알고 구약 성경의 잘 모르는 작은 책들마저도 눈 깜짝 할 사이에 찾을 수 있는 것이다. 그는 흠모의 눈빛으로 나를 바라보고 나는 그를 자랑스럽게 바라보며 미소지어 보일 텐데.

그렇다. 난 과도하게 로맨틱하면서 좀 모자란 몽상가이다. 흠모하는 시선은 그만두고라도 적어도 딘이 그리스도를 받아들이기만 한다면, 나의 삶이 어떻게 다를 것인지에 대하여 끊임없이 상상하고 희망하고 꿈꾸었다. 내가 더 원하면 원할수록 나는 더욱 불만족스러워졌다. '제발 그렇다면' 이라는 세계에 산다는 것은 거주하기 위험한 장소였으며, 그것은 현실 세계를 지탱하기 어려운 장소로 만드는 것이었다. 이제 나는 갈망하고 염원하는 사고를 피한다. 그곳에서는 어떤 건설적이고 생산적인 일도 발생하지 않는다. '제발, 아, 제발 믿으세요!' 라는 단계에 머뭇거리는 대신, 이제 나는 나의 배우자를 받아들이는 일에 집중하고 있다.

이 교훈을 배움으로써 우리의 결혼생활에 긴장은 차츰 줄어들어 갔다. 딘은 나의 부드러운 재촉, 설득, 넌지시 주는 암시, 그리고 이따금씩 그의 머리를 내리치는 듯한 강경한 태도에 불쾌해하곤 하였다. 나는 더 이상 '제발 그래 준다면'이 아니라 '지금의 그를 받아들임으로써' 우리 사이에 화합을 목표로 나아가고 있다.

어떻게 그런 생각에서 벗어나 자유로울 수 있을까? 나는 생각을 사로잡기 위해 나의 뇌리를 기도로 채운다. 의도적으로 딘의 소중함과 진가를 인정하고 날마다 그 자신과 우리의 관계를, 그리고 훌륭한 그의 특성들을 하나님께 감사한다. 이러한 접근은 결혼생활과 나의 내면에 엄청난 변화를 가져다주었다.

절반의 빈 컵을 바라보기보다는 절반이나 가득한 컵을 바라보는 것이다. 실은, 서로 사랑하는 행복한 커플들도 제각기 그들만의 문제들을 가지고 있다. 믿는 남편과 함께 사는 것이 생의 모든 근심 걱정을 더는 것은 아니다. 나는 올바른 시각을 간직해야만 한다.

딘을 하나님께로 이끌어 주시기를 그분께 충실히 기도하고 있지만, 그런 일이 벌어지기까지 하나님께서 내 안에서 행하시고자 하는 작업과 목적에 집중하는 것이 필요하다. 그리고 거기에는 실로 깊이 숙고해야 할 많은 부분들이 있다는 것을 나는 믿는다. 하나님의 관심사는 나의 인격이다. 그분은 내가 상황이 아닌, 그분 자신에게 집중하기를 원하신다.

나는 여러 해 전에 기도에 관한 세미나에 참석했었다. 강사 목사님은 뚫어지게 지켜보는 우리의 응시와 힐긋 훑어보는 우리의 시선에 대해서 이야기하였다. 우리의 응시가 하나님께 주목되어 있다면, 우리의 상황은 견딜 만한 것이 된다. 그러나 삶을 응시하면서 하나님은 힐긋 볼 때, 삶은 우리를 압도하게 된다. 나는 하나님만 응시하려고 애쓰고 있으며 그분을 주시할 때, 나의 삶은 그다지 어렵거나 나쁘지 않으며 평강과 기쁨으로 충만해진다.

베드로를 보라. 예수님을 주시하고 있을 때 그는 물 위를 걸었다. 그러나 그의 시선이 아래로 향하여 물결을 내려다보는 순간 그는 가라앉았다. 나는 그리스도를 응시하면서 삶의 여정을 행보해 나가기를 원한다. 그렇지 않으면 나 또한 베드로처럼 압도적인 낙망의 늪으로 빠져들기 때문이다.

배우자의 관점을 고려하라

나는 그동안 우리 부부관계에서 나만이 좌절된 파트너라고 생각했었다. 그러나 어느 날 점심시간에 친구와 나눈 대화를 통하여 하나님께서 나에게 그렇지 않다는 사실을 밝혀 주셨다.

달린은 말했다. "네 남편은 더 이상 너를 이해할 수 없다는 거야." 그녀는 어디까지 털어놓아야 할지 몰라 하는 표정이었다.

나는 냉차를 불만스럽게 휘저으며 물었다. "뭐를 이해 못한다는 거야?" 방어적인 어조의 내 목소리를 들으면서 고객들로 가득 찬 음식점을 둘러보았다. "변화되기를 거부하며 까다롭게 구는 사람은 그 사람이라고."

"아니야. 변한 사람은 바로 너야. 딘은 내 남편 데니스에게 더 이상 너를 알아보지 못한다고 말했대. 제리, 생각해 봐. 넌 달라졌어. 더 이상 그가 결혼한 여자가 아니야. 게다가 너의 종교적인 변덕에 그가 동참하지 않기 때문에 너는 항상 화가 나 있는 것 같대."

그런 진실은 나의 머리를 세차게 내리쳤다. 차를 운전하여 집으로 돌아오면서 나는 나의 마음을 하나님께 쏟아

하나님께서는 나로 가엾은 남편의 어려운 입장을 볼 수 있게 해 주셨다. 그는 한 여자와 결혼을 하고 이제 다른 여자와 안장에 함께 앉은 자기를 발견한 것이다. 과연, 나는 그리스도 안에서 새로운 피조물이 된 것이다.

놓았다. 처음으로 현실을 분명하게 직시하였다. 하나님께서는 가엾은 남편의 어려운 입장을 볼 수 있게 해 주셨다. 그는 한 여자와 결혼을 하고 다른 여자와 안장에 함께 앉은 자신을 발견한 것이다. 과연, 나는 그리스도 안에서 새로운 피조물이 되었고 그분은 내 삶에서 근본적이고 철저한 변화를 시작하신 것이다. 딘은 낯선 여자, 즉 자기에게 그녀와 똑같이 되기를 요구하는 화가 난 낯선 여자와 결혼한 채로 남겨져 있었다.

그리스도 안에서의 성장은 사실을 보는 관점과 생활양식과 내면을 변화시킨다. 친구 캐시는 언젠가 말했다. "하나님과의 동행이 늘어나면서, 남편이 나를 점점 덜 좋아하긴 하지만 여전히 나를 사랑한다는 것을 알아요." 그것은 놀랄 일이 아니다. 사도 바울 역시 "빛과 어두움이 어찌 사귀며"(고후 6:14)라고 말했다. 배우자에게나 우리에게나 때때로 그 차이점은 대단해 보인다.

당신의 남편도 나의 남편처럼 이 광적인 괴짜 혹은 예수쟁이가 어디서 나왔는지 가끔 궁금할지 모른다. 우리는 확실히 "그의 소유된 기이하고 독특한 백성"(벧전 2:9)이기 때문에 아마도 그는 베드로와 동일한 느낌을 가질지도 모른다.

롭은 아내 질이 그리스도께로 나왔을 때, 그가 볼 수도 들을 수도 이해할 수도 없는 사람으로 바뀌었음을 느꼈다고 토로하였다. 경계심이 시작되었고 자신이 무시당하는 느낌과 질을 용납하는 데 어려움을 겪었다고 시인하였다. 왜였을까? 왜냐하면 질이 그의 변화를 간절히 열망한다는 것을 감지하였고, 낯선 사람들이 그를 위해 기도하는 것을 알았기 때문이었다. 질은 그가 한 번도 만나보지 못한 새로운 친구들을 만났고, 갑자기 이상한 음악을 들으며 더 이상 그에게 영화를 선택할 수 없게 하였다. 그녀는 그가 거의 이해하지 못하는 용어를 사용했고, 그녀의 목숨이 교회에 달려 있는 것처럼 교회에 출석하였다. 뿐만이 아니라 그 역시 그렇게 하기를 원했다!

이처럼 다른 각도에서 바라봄으로써 멍에를 달리한 결혼생활이 양쪽 모두에게 고달픈 여행이라는 사실을 실감하게 되었다. 내가 나의 신발을 신고 걸어가는 것이 어렵다고 생각될 때, 나는 딘의 헐거운 부츠를 신고 1-2마일을 걸어 보려고 애쓸 필요가 있었다. 나와의 삶이 공원에서 어슬렁어슬렁 거니는 산책이 아님을 깨달았다.

비교의 덫을 피하라

인간의 심리상 남의 집에 있는 물건이 더 커 보이는 법이다.

내가 많은 노력을 기우려 열심히 찾아본다면 남편의 실상이 보다 더 나은 사람으로 문뜩 느껴지는 게 사실이다. 동전을 뒤집어 보면, 비교가 안 되는 남자를 발견할 수도 있다. 그러나 내가 본다고 생각하는 사람과 가족 사이에서 일어나는 실상은 매우 다른 두 가지 사실일 수 있다.

여러 해 전, 딘과 나는 리와 엘리스와 함께 많은 시간을 보냈다. 엘리스는 그녀의 완벽한 남편 리에 대해서 쉼 없이 자랑하였다. "리는 절대 그렇게 하지 않아." "리는 항상 이렇게 말하지." "리가 그런 어조로 내게 말한다면 난 견딜 수 없을 거야." "나는 네가 그를 어떻게 참아내는지 모르겠어. 넌 나보다 훨씬 인내심이 많고 순응을 잘하는 것 같아."

계속적으로 비교하는 앨리스와 몇 해를 보낸 후, 나도 내가 어떻게 살아남았는지 모를 지경이었다. 그녀의 시각으로 본다면 딘은 기준에 미치지 못하기 때문에, 나는 곧잘 우울해졌다. 마침내 내 견해로도 딘의 수준은 미달이었다. 그는 왜 리처럼 못하는지 의문을 품었다. 그는 도대체 왜 리라면 결코 하지 않을 일을 하며, 리라면 절대 하지 않을 말을 하는 것일까? 딘이 나를 사랑하는 것보다 리가 엘리스를 더 사랑하는 게 맞았다.

우리는 엘리스 부부와 함께하는 시간을 즐겼지만, 결국 나는 뒤로 물러나 만남을 줄여 나가야만 하였다. 미묘한 대조가 딘에 대한 견해를 좀먹었고, 시간이 지나면서 정원을 덮어 버리는 잡초처럼 불평과 불만이 천천히 내 마음속에 자리 잡았다. 우리가 아무리 함께 즐거워한다 하더라도 그 즐거움은 차후에 가져다주는 고통보다 가치가 없음을 깨달았다. 그들과 함께 나가 저녁시간을 보내고 돌아온 후 나는 울면서 잠자리에 들곤 하였다. 결혼생활에 입힌 손해는 엄청난 것이었다.

그런 호된 체험을 통해서 각 사람은 위대하신 거장의 손길에서 절묘하게 만들어졌으며, 함께 엮여졌음을 하나님은 가르쳐 주셨다. 딘은 리가 아니며 결코 그가 되지 않을 것이고 리 역시 딘이 아니다.

한편으로, 그동안 비교했던 과오가 나 자신에게도 늘 있었다. 내가 만일 나보다 못한 누군가를 만난다면 나의 남자를 세워 나갈 수 있다. 그러나 엘리스가 딘에 대해서 생각하게 만든 것처럼 나는 진정 누군가의 남편을 그렇게 생각하게 만들고 싶은 것인가? 단지 내가 가진 것을 자랑하기 위해서 다른 누구에게 아픔과 고통을 안겨 주기를 원하는가? 사도 바울은 "각각 자기의 일을 살피라 그리하면 자랑할 것이 자기에게만 있고 남에게는 있지 아니하리니(남에게까지 비교하면서

남편과 나는 하나님에 의해 창조된 유일하며 특유한 개인들이기 때문에, 나의 결혼생활은 다른 어느 누구와도 같지 않으며, 이 지구상의 어느 곳에도 우리와 똑같은 사람은 없다.

자랑할 것은 없으리라)"(갈 6:4)라고 말하였다.

남편과 나는 하나님에 의해 창조된 유일하며 특유한 개인들이기 때문에, 나의 결혼생활은 다른 어느 누구와도 같지 않으며, 이 지구상의 어느 곳에도 우리와 똑같은 사람은 없다. 뿐만 아니라, 다른 부부관계가 꿈의 실현처럼 보일지 모르지만 보이는 것이 항상 사실 그대로만은 아니라는 것을 스스로에게 거듭 상기시키고 있다. 닫힌 문 뒤에서 벌어지는 일은 진정 하나님만이 아신다.

나는 얼마 전에 이 교훈을 직접적으로 경험하였다. 거의 20년 동안 알고 지낸 지인은 최근 육체적, 정서적 학대를 받던 결혼생활을 폭로하였다. 결코 상상 못할 일이었다. 그들은 열 손가락 안에 드는 성공적인 결혼생활과 순기능을 하는 행복한 부부였다. 그런데 세상에 나타나 보인 그들의 모습은 껍데기일 뿐이었다. 우리의 친목 단체와 연관된 많은 여성들은 그녀가 남편과 함께하는 모습을 자기들도 소원하면서 그녀를 부러워하였다. 진실이 폭로되자, 우리 모두는 남편들에게 감사하였다. 그녀의 남편은 무슨 면목으로 우리를 대할 것인가.

영적인 사례들

지금까지 이야기한 모든 것은 한 가지로 귀결된다. 무조건적인 갈망과 기준 없는 비교를 피하려면 사고방식을 통제하지 않으면 안 된다. 남편의 느낌을 이해하는 것도 멍에를 달리한 관계에서 그의 곤경에 대한 동정심 깊은 사고에서 나온 것이다.

성경에서 두 가지 경우를 살펴보자. 한 사람은 자기의 생각을 통제하였고 한 사람은 그렇지 못하였다. 먼저 욥을 생각해 보자. 가축들은 도둑맞았고 그 외의 것들은 파괴되었으며 그의 종들, 아들딸들은 죽임을 당한 첫 번째 시험 후, 욥은 죄를 범하거나 하나님을 향하여 원망하지 아니하였다. 1:21에서 그는, "내가 모태에서 적신이 나왔사온즉 또한 적신이 그리로 돌아가올지라 주신 자도 여호와시요 취하신 자도 여호와시오니 여호와의 이름이 찬송을 받으실지어다."

두 번째 시험에서 하나님은 사단에게 욥의 정수리에서 발바닥까지 악창이 나게 하는 것을 허락하셨다. "그 아내가 그에게 이르되 당신이 그래도 자기의 순전을 굳게 지키겠느뇨 하나님을 욕하고 죽으라 그가 이르되 그대의 말이 어리석은 여자 중 하나의 말 같도다 우리가 하나님께 복을 받았은즉 재앙도 받지 아니하겠느뇨 하고 이 모든 일에 욥이 입술로 범죄치 아니하니라"(욥 2:9-10).

욥은 자기의 생각을 통제한 사람이다. 그것을 우리는 어떻게 아는가? 예수님께서, "입에서 나오는 것들은 마음에서 나오나니 이것이야말로 사람을 더럽게 하느니라. 마음에서 나오는 것은 악한 생각"(마 15:18-19)이라고 말씀하셨기 때문이다. 우리가 생각하는 그것이 우리 마음에 침투하고 우리의 입에서 튀어나온다.

욥의 입에서 쏟아져 나온 것은 무엇이었나? 오로지 하나님을 경외하는 말들뿐이었다. 그 실례들을 살펴보자. "하나님은 마음이 지혜로우시고 힘이 강하시니"(욥 9:4). "내가 알기에는 나의 구속자가 살아 계시니 후일에 그가 땅 위에 서실 것이라"(19:25). "나의 가는 길을 오직 그가 아시나니 그가 나를 단련하신 후에는 내가 정금같이 나오리라"(23:10).

나의 마음의 소원은 욥처럼 정금같이 변화하는 것이다. 욥은 악한 생각들이 지배하는 것을 금하였기 때문에 이 모든 것이 사실이 되었다. 마침내 여호와께서는 이전 소유보다 갑절로 베푸셨다. 순종에는 축복이 따라온다.

이제 욥을 다윗의 이야기와 대조해 보자. 다윗은 하나님의 마음에 합한 자라고 불렸으나, 밧세바 사건에서 죄를 짓도록 자신을 방임하고 말았다. 그는 그녀를 바라보았을 때, 뒤돌아서 외면하지 못하였다. 야고보서에서 진술한 바와 같았다. "오직 각 사람이 시험을 받는 것은 자기 욕심에 끌려 미혹됨이니 욕심이 잉태한즉 죄를 낳고 죄가 장성한즉 사망을 낳느니라"(약 1:14-15).

야고보는 다윗에게 무슨 일이 일어났는지 명백하게 제시한다. 다윗은 아마도 밤잠을 이루지 못하고 있었던 것 같다. 침상에서 일어나 궁전 지붕 주위에서 저녁 산책을 하였다. 어떤 생각들이 그의 뇌리를 스쳐갔는지 누가 알겠는가? 어쩌면 그는 단순히 초봄이 가져다주는 새로움과 격앙을 즐기고 있었는지도 모른다.

그때 그는 그녀를 보았나. 그녀의 아름다움을 알아볼 만큼 오랫동안, 그리고 그녀에 대하여 더 알고 싶다는 것을 깨달을 만큼 오랫동안 목욕하는 그 여인에게서 눈을 떼지 못하였다. 돌아서고 피하는 대신 악한 욕심에 질질 끌려 꾀임에 빠져들었다. 그러고는 그녀가 누구인지 알아내기 위해 사람을 보냈다.

다윗은 사자를 통해 그녀의 이름과 아버지와 남편의 이름까지 알아냈다. 그런 정보를 알아 온 사자를 지체 없이 내보냈어야 했으나 그는 사자를 다시 보냈다. 그녀를 생각하고 욕망하고 있었음이 분명하였다. 그의 욕망은 마음속에 똬리를 틀고 그녀를 데려오도록 보냄으로써 결국 죄를 낳고 말았다.

그녀가 도착했을 때, 다윗은 그녀를 침실로 데려갔다. 그리고 그녀는 집으로 돌아갔다. 그녀가 그의 아기를 수태했음을 전하기 이전까지는, 하룻밤을 같이한 사건으로만 계획한 것 같다. 벼랑 끝에 몰린 다윗은 전쟁 중에 있는 그녀의 남편 우리아를 집으로 오게 하였고, 그가 아내와 함께하기를 즐거워함으로써 그 아기를 우리아의 아기로 둔갑시키려고 하였다.

우리아가 집에 있는 밧세바에게 들어가지 않고 성문에서 잠을 잤을 때, 다윗의 계획은 실패로 돌아갔다. 다윗이 흔적을 감추기 위해 어떻게 흉계를 꾸미는지 보라! 그를 죽이려고 날뛰는 악한 생각들에 어떻게 휘말려드는지 말이다. 우리아는 결코 협조하지 않았고 다윗의 죄는 결국 두 사람을 죽게 만들었다.

먼저 그는 우리아를 최전선에 세웠고, 그의 뒤에 있는 병력을 퇴각시켰다. 분명, 우리아는 전쟁의 사상자같이 보였지만, 실은 다윗이 교묘히 조정한 죽음이었다. 이후 간음으로 수태한 밧세바의 아들 역시 죽고 말았다.

더 불행한 것은, "여호와께서 또 이처럼 이르시기를 내가 네 집에 재화(재앙)를 일으키고 내가 네 처들을 가져 네 눈앞에서 다른 사람에게 주리니 그 사람이 네 처들로 더불어 백주에 동침하리라 너는 은밀히 행하였으나 나는 이스라엘의 무리 앞 백주에 이 일을 행하리라 하셨나이다"(삼하 12:11-12)라고 하나님께서 말씀하신 것이다.

　그 차이는 엄청나다. 하나님은 욥을 곱절로 축복하셨고, 다윗의 행로는 다른 방향을 향해 바뀌었다. 그런데 두 이야기는 모두 생각에서 출발하였다. 이런 사실은 우리의 생각을 재고하도록 만들기에 충분하다. 나는 하나님의 재앙이 아닌 축복을 원한다.

하나님의 말씀 숙고하기

- "정직한 [여]자는 그[녀의] 행위를[생각을] 삼가느니라"(잠 21:29).
- "대저 그[녀]의 마음이 어떠하면 그[녀] 위인도 그러한즉"(잠 23:7).
- "영의 생각은 생명과 평안이니라"(롬 8:6).
- "모든 생각을 사로잡아 그리스도에게 복종케 하니"(고후 10:5).
- "무엇에든지 참되며 무엇에든지 경건하며 무엇에든지 옳으며 무엇에든지 정결하며 무엇에든지 사랑할 만하며 무엇에든지 칭찬할 만하며 무슨 덕이 있든지 무슨 기림이 있든지 이것들을 생각하라"(빌 4:8).

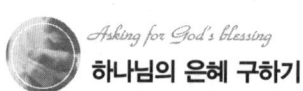
하나님의 은혜 구하기

하나님 아버지,

저의 생각을 사로잡을 수 있게 도와주소서. 생각을 삼가는 정직한 여인이 되게 하소서. 특히 저의 배우자에 대한 생각을 주의하고 살펴 자각하게 하옵소서. 당신을 기쁘시게 하기 위하여 당신을 흡족하게 하는 생각을 하도록 늘 상기시켜 주옵소서. 성령님께서 저의 생각을 지배하심으로 평강으로 채워진 삶이 되게 하소서. 무엇이든지 참된 것과 경건한 것과 옳은 것과 순결한 것과 사랑스러운 것과 명예로운 것과 덕이 되고 칭찬할 만한 것들에 저의 생각을 집중할 수 있게 가르치소서.

저의 배우자로 인해 당신께 감사드립니다. 지나친 요구를 하고 불만족스러워하며 실망하고 용기를 잃었던 때를 용서하여 주옵소서. 제가 멍에를 같이한 남자를 감사하게 생각하고 그의 진가를 인정하도록 가르치소서. 저의 남편과 그의 놀라운 많은 특성들을 주게 감사드립니다. 그의 삶에 제가 축복이 되도록 훈육하소서. 그리고 주여, 끊임없이 그를 당신께로 이끌어 주소서.

당신의 신실하심을 한없이 감사드립니다. 당신만을 뚫어지게 바라보고 응시하기를 원합니다. 당신의 이름이 지금부터 영원토록 영광을 받으시옵소서. 주님을 사랑합니다. 예수님의 의로우시고 거룩하시며 존귀하신 이름으로 기도드립니다. 아멘.

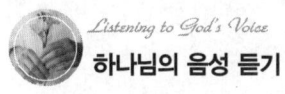
하나님의 음성 듣기

하나님의 안목으로 남편을 바라보게 도와달라고 요청한다. 아래에 당신의 느낌을 기록해 보라.

Chapter 05
친구들과 나

친교와 우정은 필수적이다

우리의 결혼생활은 영적 성장의 고속도로를 달리던 헌신이 시작된 몇 달 후에, 깊은 수렁에 빠져 들었다. 과연 우리가 이 위기를 극복할 수 있을 것인지 확신할 수 없었다. 문제는 나의 영적 성장에서 직접적으로 발단된 것은 아니었으나, 혼란을 일으키고 헌신에서 관심을 딴 곳으로 분산시켜 넘어뜨리려는 원수의 방해 작전이었던 것 같다. 좋은 소식은 그러면 그럴수록 더욱 하나님을 찾았으며 내 생애 가운데 가장 깊은 계곡 중의 하나를 건너감에도 불구하고, 주님과의 달콤한 시간들은 그런

난관을 극복하게 해 주었다. 그러나 애석한 것은 슬픔과 비탄, 고통에 깊숙이 빠져 있었음에도 불구하고, 어느 누구, 단 한 사람도 그것을 알지도 이해하지도 못하였다는 사실이다.

내가 그리스도께 다시 헌신하기 이전 친구들과의 우정관계는 흐지부지하게 끝이 났다. 우리에게는 더 이상 공통점이 없었으며, 그들은 그리스도인으로서의 나의 새로운 관점에 관심을 기울이지 않았다. 나는 교회에서 많은 교우들을 알게 되었으나 깊은 나눔의 관계는 아직 만들지 못한 상태였다. 친척들은 결혼생활의 어려움 가운데로 끌어들이지 않기로 이미 오래 전에 맹세한 바였다. 그러므로 내게는 기도와 격려가 필요했으며 어깨에 기대어 울 수 있는 친구가 절실히 필요했을 그때에 나는 고립되어 고통스럽게 모든 난관을 홀로 맞서야만 했던 것이다.

인생의 한 시기에 오직 하나님과 홀로 고난에 찬 여행을 고달프게 돌파해 나갔다. 그러나 나는 결코 그 외롭고 벗이 없는 상태에 다시는 처하고 싶지 않다는 것을 절실히 느낀다. 그러므로 이 괴로운 행로에서 누군가와 동행하고 나의 비참한 처지를 이해하며 곤궁하고 힘든 시간을 함께 나눌 그리스도인 친구를 만나게 해 달라고 하나님께 기도드렸다. 나는 기도, 소망, 두려움을 공유하고 영적인 여정의 온갖 변화를 이해할 수 있는 친구를 갈망하였다. 친밀한 친구, 솔직한 친구를 원했다.

나는 매일 기도드렸다. '하나님, 이 길을 함께 공유할 누군가를 제 삶 가운데로 이끌어 주세요.'

한두 주가 지나서 캐시를 만났다. 우리는 주일학교 6세 어린이반을 함께 가르치는 일을 맡았다. 그녀의 남편도 아직 신앙이 없었으며, 네 아이들의 나이는 나의 세 아이들과 비슷했다. 우리는 자녀들의 영적인 문제들을 나누었으며, 신앙의 열망과 외로움에 대한 일체감도 가졌다. 그 이후로 18년이 지났으나, 우리는 여전히 우리의 우정을 하나님께 감사드린다.

> 우리는 그분이 정확히 언제 혹은 어떻게 응답하실지 전혀 알지 못하지만, 그분은 정녕 응답하실 것이다.

당신의 생애에 캐시와 같은 친구를 만나지 못하였다면, 하나님께 예비하시고 만나게 해 주시도록 기도하라. 하나님의 일정표는 각 사람에게 종종 상이하며, 그분은 좀처럼 우리의 시간표대로 역사하시지 않으신다는 것을 기억해야 한다.

내 친구 샌디는 약 15년 전, 라디오 방송을 통해서 우정에 관해 들었던 것을 기억해 냈다. 샌디는 얼마 전 첫 아이를 위하여 직장을 그만두게 되자 신앙의 친구가 그리워졌다. 그 강연자의 도전을 받아들여, 샌디 역시 특별한 친구를 위해 기도하기 시작하였다.

하나님은 샌디가 원하던 만큼 신속하게 기도를 들어주신 것은 아니었다. 그녀는 믿음으로 하나님께서 친구를 예비해 주실 것을 확신했다. 단지 언제인지 알지 못할 뿐이었다. 마침내 샌디가 로라를 만났을 때, 그녀는 하나님께, "설마 그녀일 리가 없겠지요!"라고 의심스러워했다. 그러나 그녀가 바로 샌디의 기도 응답이었다. 두 사람은 이제 어언 12년 동안 소중한 친구로 지내고 있다. 우리는 그분이 정확히 언제 혹은 어떻게 응답하실지 전혀 알지 못하지만, 정녕 그분은 응답하실 것이다. 그분의 응답은 우리의 기대에 항상 일치해 보이지는 않지만 우리에 대한 최선을 알고 계신다. 이제 로라는 샌디에게 이 세상 무엇과도 바꿀 수 없는 존재가 되었다.

솔로몬이 옳았다

"두 사람이 한 사람보다 나음은 저희가 수고함으로 좋은 상을 얻을 것임이라 혹시 저희가 넘어지면 하나가 그 동무를 붙들어 일으키려니와 홀로 있어 넘어지고 붙들어 일으킬 자가 없는 자에게는 화가 있으리라"(전 4:9-10). 캐시와 나는 힘겨운 상황과 자녀들의 방탕한 시기를 지내면서 서로에게 용기를 북돋아 주었다.

그녀에게 의지하면서 나는 시어머니의 암 투병을 헤쳐 나갈 수 있었으며 그 이후 몇 달이 지나 과부가 된 그녀에게, 네 명의 십대 아이들을 양육하고 지원하는 일을 도와줄 수 있었다.

나는 소중한 친구와 짐을 함께 지면서 엄청난 위안을 얻었다. 우리는 교회에서 자주 자리를 같이하였고 함께 훈련 강좌에 참석하였다. 캐시가 거기 있을 것이라는 사실을 알기에 위안이 되었으며 혼자서 모든 일에 직면하지 않아도 되었다. 우리는 함께 웃었고 함께 울었으며 때로는 서로를 꾸짖었다.

우정이란 정직과 돌봄에 있다. 그리스도인의 친교란 책임감에 있고 사랑과 선행을 격려하며 풀기 어려운 문제를 서로에게 묻는 데에 있다. 캐시와 나는 그런 일들을 실천에 옮겼다. 우리는 하나님께서 가르치시는 힘든 교훈들을 함께 나누었으며 서로를 위해 성실하게 기도하였다. 저가 실족하여 넘어져도 붙들어 일으킬 사람이 없고 친밀한 우정의 기쁨을 나눌 수 없는 것에 동정심을 느꼈다. 솔로몬의 외로움에 공감이 갔다.

우정은 주님의 선물이요, 누구에게나 중요하지만 특히 멍에를 달리한 여성에게는 더욱 그러하다. 우리가 배우자와 그리스도인의 체험을 함께 나눌 수 없다면, 함께 나누고 하나님의 말씀에 책임을 질 수 있는 누군가가 필요하다. 우리에게는 영적

관심사들을 서로 나누고 때로는 고통의 무게를 함께 짊어질 경건한 친구가 필요한 것이다.

기도의 동역자들

아이들을 위해 기도하고 그들의 영적 건강을 염려하는 아버지가 없기에, 영적 편부모로서 나는 자주 혼자라는 것을 느꼈다. 하루도 감히 기도를 빠뜨릴 수 없었던 이유는 '내가 태만히 한다면 기강을 누가 바로 잡겠는가?' 이 엄청난 책임감이 때때로 나를 압도하였기 때문이다.

어느 주일날 목사님은 경건한 후손을 양육하는 문제에 대한 설교를 하였다. 그가 인용한 통계치에는 영적인 편부모 가정에서 경건하게 자라나는 자녀들은 성년이 된 이후 오직 넷 중 하나만이 주님을 위해 살았다는 것이다. 나는 세 아이들을 위해 어떤 가능성을 가졌을까? 우수리는 떼어 내야 한다고 생각하면 심장이 아파 왔다.

성경공부에서 만난 밸이라는 친구 역시 이 문제에서 부담을 느끼고 있다는 것을 알게 되었다. 밸은 멍에를 달리하지 않았음에도 불구하고, 캐시와 우리 세 사람은 함께 만나서 가족들을 위하여 기도하기로 작정하였다. 우리는 거의 10여 년 동안 식사와 나눔과 기도를 위하여 월요일 저녁을 비워 두었다. 친밀한 그리스도인들은 함께 떡을 떼며 만나라는 말씀이 우리에게 정통하였다.

> 우리 모두에게는 긍정적인 경쟁심으로 서로를 북돋울 사랑하는 사람들이 필요하다.

그 만남은 소중한 시간들이었다. 우리는 하나님의 절묘한 응답들을 찬양하고 함께 축하하였다. 자녀들의 데이트 상대자, 기독학교에서 공립학교로의 적응 문제, 외과 수술, 실의, 까진 팔꿈치 문제, 결혼 프러포즈, 아버지를 잃음, 홈스쿨링의 선정, 그 외의 수많은 자녀 문제들을 가지고 기도하였다.

소중한 두 사람이 매일 나의 자녀를 위해 기도하고, 자신들의 자녀에게 하듯 동일한 헌신으로 하나님께 나아간다는 것을 아는 것은 무엇과도 바꿀 수 없는 귀중한 힘이었다. 나의 짐은 가벼워졌고, 나 역시 그들의 가족을 위해 기도하면서 중심 깊은 데서 올라오는 변함없는 사랑으로 그들의 자녀를 사랑하게 되었다.

또 다른 축복은 그룹의 다른 멤버들과 함께하는 데서 생기는 책임감이었다. 그 친구들은 나에게 대답하기 힘든 까다로운 질문들을 던졌고, 나는 영적으로 깨어 있지 않으면 안 되었다.

우리 모두에게는 긍정적인 경쟁심으로 서로를 북돋울 사랑하는 사람들이 필요하다. 당신의 삶에 기도의 동역자가 없다면, 기도 가운데 구하고 찾으라. 여러 가지 여건상 캐시와 밸과 매주 함께 기도하지는 못하지만 여전히 그들을 사랑하고 그들을 위해 기도하고 있다. 생의 대부분의 일들에는 때가 있다. 나는 모든 것이 영원히 그대로 머물기를 원하지만 좀처럼 그렇지 못하다.

하나님께서는 신실하게 기도하는 다른 친구들을 또 예비해 주셨다. 모니카와 나는 성년이 된 우리 자녀들을 위해서 기도하며 샌디와는 믿음의 길에서 도전을 주며 가족, 교회, 친구들, 그리고 나리를 위해서 기도한다. 그러나 서로가 그리스도를 닮아 가기를 가장 간절히 기도한다.

영적인 사례들

친구들은 삶에서 중요한 일부이며 우리에게 극적인 감화력을 준다. 하나님께서는 열두 명의 동반자를 예수님께 주셨고 그들 중 셋은 절친한 친구가 되었다. 제임스 답슨이 지적한 바와 같이, 남자들은 여자들의 모든 정서적인 필요를 채워 줄 수 없기 때문에 여성들에게는 친밀한 친구가 필요하다.

"친구를 사귀려면, 친구가 되어 주어야 한다"라는 격언을 아마 들었을 것이다. 잠언은 좋은 친구로서의 자질을 가르쳐 준다. 솔로몬은 다음 특징들이 뚜렷하고 분명하게 보여야 한다고 말한다. 훌륭한 친구는 성실하고 정직하며 지혜롭고 사랑스러우며 화내기를 더디하고 겸허하며 고결하다. 이 얼마나 거룩한 도전인가!

이제 하나님의 말씀 가운데 경건한 친구관계를 맺은 경우와 친구들에게 버림받은 경우를 살펴보자. 하나님께서는 다윗에게 믿을 수 없을 정도로 귀한 친구 요나단을 주셨다. "요나단은 다윗을 자기 생명같이 사랑하여 더불어 언약을 맺었으며"(삼상 18:3). 요나단은 자기가 입었던 옷을 벗어 주었고 그의 군복과 칼과 활과 띠마저 다윗에게 주었다. 왕위의 표상인 그의 관복과 군복을 벗어 다윗에게 주었다는 것은 요나단이 다윗을 이스라엘의 다음 왕으로 인정하였다는 것을 상징적으로 의미하는 것이다. 요나단은 사울 왕의 아들로서 다음 왕좌를 이어 갈 인물이었지만, 하나님께서는 그 사명을 위해 이미 다윗에게 기름을 부으셨다. 많은 사람들 같으면 장자 상속권을 위해 싸웠겠지만 요나단은 흔쾌히 인정하였다.

후에 사울 왕이 다윗을 죽일 계획을 세웠을 때, 요나단은 다윗을 위해 변호하였다. 사울 왕은 아들 요나단의 말을 듣고 다윗을 살려 주기로 마음을 바꾸기도 하였다. 요나단에게는 다윗을 제거하고 이스라엘의 왕좌를 되찾을 수 있는 절호의 기회였지만, 그렇게 하기는커녕 다윗을 사랑하며 그를 지켜주고 방어해 주었다.

사울이 다윗의 목숨을 살려 주겠다던 약속은 잠깐뿐이었다. 다윗을 죽이려는 사울의 새로운 위협은 오히려 다윗과 요나단의 우정을 확고하게 만들어 주었다. "피차 입 맞추고 같이 울되 다윗이 더욱 심하더니 요나단이 다윗에게 이르되 평안히 가라 우리 두 사람이 여호와의 이름으로 맹세하여 이르기를 여호와께서 영원히 나와 너 사이에 계시고 내 자손과 네 자손 사이에 계시리라 하였느니라 다윗은 일어나 떠나고 요나단은 성으로 들어오니라"(삼상 20:41-42).

그 후 요나단이 전쟁에서 죽었을 때, 다윗은 옷을 찢으며 애통해하였다. 비탄에 빠진 그는, "내 형 요나단이여 내가 그대를 애통함은 그대는 내게 심히 아름다움이라 그대가 나를 사랑함이 기이하여 여인의 사랑보다 승하였도다"(삼하 1:26)라고 애도하였다. 나는 그와 같은 친구를 원할 뿐만 아니라 그러한 친구가 되기를 소원한다.

다윗은 그의 생애 가운데 버림을 받고 친구도 없이 쓸쓸하게 보낸 한 때를 통과하였다. 시편 38:11에서 그는 "나의 사랑하는 자와 나의 친구들이 나의 상처를 멀리 하고 나의 친척들도 멀리 섰나이다"라고 기록하였다. 또 다른 시편에서는 "내가 모든 대적으로 말미암아 욕을 당하고 내 이웃에게서는 심히 당하니 내 친구가 놀라고 길에서 보는 자가 나를 피하였나이다 내가 잊어버린 바 됨이 사망한 자를 마음에 두지 아니함 같고 파기와 같으니이다"(시 31:11-12)라고 말하였다. 그와 같은 상황에서 얼마나 요나단이 그리웠을까.

경건한 친구를 두었던 다윗과 달리 모두에게 버림받은 이가 있었다. 아홉 명의 동반자와 절친한 세 친구에게마저 외면당한 예수님이 계신다. 그는 철저히 버림받은 절체절명의 시간들을 경험하셨다. 최후의 만찬을 나누신 밤을 생각해 보자. 그분은 제자들과 저녁을 함께 보내시며 식사를 나누시고 그들의 발을 씻어 주셨다. 그분은 이 땅 위에서의 생을 종결짓는 시간이 오고 있음을 아셨고 적어도 한 차례는 자기 사람들을 의지할 수 있기를 바라셨겠지만, 그들은 그분을 여러 번 실망시켜 드렸다.

식사 후 예수님은 제자들을 겟세마네 동산으로 이끄셨다. 아홉 명의 제자는 그곳에 앉아 기다리게 하시고 베드로, 야고보, 요한을 데리고 좀 더 나아가셨다. 그분은 깊은 슬픔에 싸여 그들보다 좀 더 멀리 나아가서 그들에게 깨어 있으라고 부탁하셨다. 얼마 동안 기도하신 후, 돌아왔을 때 그들은 잠을 자고 있었다. 그분이 두 번째 그리고 세 번째 되돌아왔을 때도 매번 자고 있는 그들을 발견하셨다.

그러고는 그리스도의 배신자, 유다가 접근하였고 예수님은 체포되셨다. 남아 있던 제자들도 그분을 버리고 도망하였다(막 14:50). 마치 그 상황이 최악이 아닌 양, 수제자 중 한 사람인 베드로는 예수님을 모르노라고 세 번이나 부인하였다.

예수님은 당신에게 아무도 남아 있지 않다는 것이 어떤 느낌인지 알고 계신다. 당신이 의지하던 사람들이 당신을 버리고 떠날 때의 그 아픔을 통감하신다. 언제든지 당신이 그 같은 상황에 처한다면, 그분의 사랑이 당신을 끝까지 지켜 보호할 것이니 믿고 의지하라. 거기에는 이해와 용납과 치유가 있다.

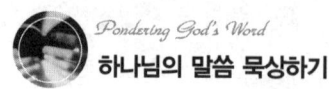
하나님의 말씀 묵상하기

- "친구는 사랑이 끊이지 아니하고"(잠 17:17).
- "철이 철을 날카롭게 하는 것같이 사람이 그 친구의 얼굴을 빛나게 하느니라"(잠 27:17).
- "두 사람이 한 사람보다 나음은 저희가 수고함으로 좋은 상을 얻을 것임이라 혹시 저희가 넘어지면 하나가 그 동무를 붙들어 일으키려니와 홀로 있어 넘어지고 붙들어 일으킬 자가 없는 자에게는 화가 있으리라"(전 4:9-10).
- "사람이 [그녀의] 친구를 위하여 자기 목숨을 버리면 이에서 더 큰 사랑이 없나니"(요 15:13).
- "이제부터는 너희를 종이라 하지 아니하리니 종은 [그녀의] 주인의 하는 것을 알지 못함이라 너희를 친구라 하였노니 내가 내 아버지께 들은 것을 다 너희에게 알게 하였음이니라"(요 15:15).

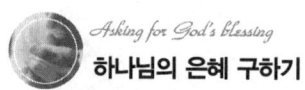
하나님의 은혜 구하기

아버지 하나님,

요나단과 같은 훌륭한 친구가 되도록 저를 지도해 주세요. 저는 여전히 많이 배워야만 하고 많은 부분에서 성숙해져야 함을 절실히 느낍니다. 그러나 가장 중요한 것은, 저의 남편에게 제가 훌륭한 친구가 되어 그에게 용기를 북돋우고, 그의 진가를 헤아려 줄 수 있게 도와주세요. 남편과 제가 최고의 친구 사이가 되게 해 주세요. 예수님께서 친구들을 상대하신 것같이 제가 남편을 상대하도록 저를 일깨워 주세요.

교회에서 자리를 같이하고 함께 기도하고 용기를 잃지 않게 격려해 주는 귀중한 친구들을 만나게 해 주셔서 감사합니다. 친구가 없이 외로웠을 때마저도 감사드립니다. 그런 날들을 통해서 친구와 만나 친구가 되어 주는 우정의 진정한 가치를 깨달았기 때문입니다. 친교와 친구는 당신의 손길에서 나온 선물입니다. 결코 제가 당연한 것으로 받아들이지 않게 하소서.

내 삶에 주인 되신 당신께 한없이 감사드립니다. 당신은 저의 친구 중에 가장 신실하시고 가장 소중하신 친구 되십니다. 주님, 당신을 사랑합니다. 귀하신 예수님의 이름으로 기도드립니다. 아멘.

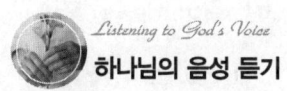
하나님의 음성 듣기

당신의 가장 좋은 친구에게 기도문을 써 보자.

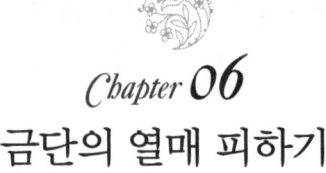

Chapter 06
금단의 열매 피하기

유혹으로부터 도피하라

"내일 들를게요. 잭이 근무할 땐 저녁시간이 길고 외로울 거예요." 크리스가 리사의 현관문 앞에서 잠시 멈추었다. 그는 천천히 돌아서서 그녀를 향했다. 그들의 시선은 부딪쳤고 본능적으로 그가 키스하고 싶어한다는 것을 알았다. 키스하려는 그보다 더 두려운 것은 그녀 역시 그것을 원했고 갈망했고 꿈꾸기조차 하였다는 사실이었다.

가슴이 멈출 것 같은 다음 순간에, 크리스는 그녀를 끌어안았고, 그녀가 여러 해 동안 경험해 보지 못한 열정적인 키스를 퍼

부었다. 그녀의 입술은 저절로 그의 키스에 반응하였다. 이성은 '아니' 라고 소리쳤지만, 그녀의 가슴은 '그래' 라고 외쳤다. 그 남자는 남편의 좋은 친구 크리스였다. 그녀는 무슨 짓을 하고 있는 것일까?

잠시 후 리사는, "난 당신과 사랑에 빠진 것 같소. 당신은 잭의 아내인데 나는 어떻게 해야 좋을지 모르겠소"라고 속삭이는 크리스의 목소리를 들었다. 가책을 느끼는 그의 푸른 두 눈은 용서와 이해를 구했다.

리사 또한 어찌해야 좋을지 몰랐다. 그녀는 유혹과 정면으로 부딪쳤다. 열매의 한 조각이 아닌 멋진 남자의 매혹적인 눈길이었고 금지된 쾌락을 약속하는 두 눈이었다. 그는 따뜻한 손으로 그녀의 뺨을 어루만지며 고통에 찬 목소리로, "나는 당신을 원해요. 당신이 필요해요"라고 속삭였다. 사랑에 이끌려 그의 입술은 다시금 그녀의 입술을 찾았다.

'잭은 어떻게 하고?' 리사는 기억하고 싶지 않았다. 그녀는 이 감정을 따라 한껏 즐기고 정념을 따라가고 싶었다. 그러나 친구관계와 결혼생활을 파괴할 비속한 불륜관계의 아슬아슬한 고비 직전에 그녀는 흔들렸고 주저하였다. 리사는 옳은 것과 그른 것 사이에서 움직이지 못하고 매달려 있었다.

순간 그녀는 크리스의 포옹을 뿌리치며 외쳤다, "그만해요!

난 이렇게 할 수 없어요." 그의 얼굴에 상처와 거부 반응이 선명하게 엇갈렸다. "나 또한 당신과 똑같은 느낌이에요. 하지만 난 지금까지 잭 외에 누구와도 같이한 적이 없어요. 나는 그에게 맹세를 선언하였고요. 내가 아무리 원할지라도 난 그럴 수 없어요. 난 확실히 할 수 없어요." 눈물이 그녀의 두 뺨에 흘러내렸다.

> 남편을 사랑하면서도 그녀는 왜 그토록 다른 남자의 유혹에 약했을까?

"미안해요." 크리스가 대답하였다. "난 당신에게 고통을 줄 생각은 없었어요." 그는 손가락으로 부드럽게 눈물을 닦아냈다. "난 다시는 돌아올 수가 없겠군요."

"알아요." 감정이 복받쳐 목이 메어 리사는 속삭였다. 크리스가 떠났을 때, 닫힌 문을 바라보던 그녀는 가슴이 한층 더 저려왔다. 그녀는 바닥에 풀썩 주저앉아, 왜 옳은 결정이 당시에는 잘못되게 느껴지며 잘못된 선택이 그렇게 옳게 느껴지는지 한스러웠다.

며칠 동안 리사는 어떻게 그런 일이 벌어졌는지 깊이 고민해 보았다. 그녀가 남편을 사랑하면서도 다른 남자의 유혹에 왜 그토록 약했을까? 그녀와 남편 잭과의 관계와 크리스와의 관계를 돌이켜 보면서 그녀는 중요한 사실들을 발견하였다.

취약점들이 노출되어 있었다

크리스는 리사에게 시간이란 선물을 주었다. 그녀는 친교에 대한 외로움과 고독감을 느끼고 있었다. 잭은 근무시간이 길었고 자주 밤늦게까지 일했다. 또한 집에 와서는 자신의 관심사와 취미생활로 분주했다. 리사는 그녀에게 주목해 주는 누군가가 그리웠다. 그녀는 자신이 중요하고 필요하며 소중한 존재라는 것을 느끼고 싶었던 것이다. 그런데 크리스는 그녀에게 헌신함으로써 그녀의 가치를 인정하고 확인해 주었다. 잭은 침실에서만 그녀와 시간을 보냈다. 외로움은 정성을 기울이고 주목해 주는 다른 누군가에게 취약하게 만들었다.

크리스는 리사와 이야기를 나누고, 더 중요한 것은 그녀의 말을 들어 주었다. 그가 들를 때면 텔레비전과 신문, 컴퓨터가 아니라 그녀에게 집중하였다. 그는 그의 삶의 사소한 일들에 대해서 이야기했고 나중에는 그의 장래의 희망과 꿈들을 나누었다.

그들은 좋은 친구가 되었다. 대화는 거리낌 없이 흘러갔고 그녀가 이야기할 때 그는 질문까지 하며 진심으로 경청하였다. 그녀의 농담에 웃어 주었고 그녀의 꿈들을 믿었으며 몇 시간이고 이야기하게 해 주었다. 잭은 생각이 딴 곳에 있었기 때문에 그녀가 하는 말의 절반을 놓쳤다. 크리스는 리사를 한 인간으로 존중하였고 그녀의 의견에 마음을 썼으며 그녀의 지성을 귀하게 여겼다. 잭과의 대화는 결혼생활 첫 해가 다 가기 전에 메말라 붙었다. 그것은 대화를 갈망하지 않았기 때문이 아니라 그가 관심을 보이지 않았기 때문이었다.

크리스는 여성들이 좋아하고 또 들을 필요가 있는 일들을 이야기했다. 요리나 의상이나 특정한 이슈에 대한 그녀의 생각에 자주 동조해 주었다. 그리고 그 운명적인 밤에 잭이 그녀를 필요로 하고 그녀를 원한다고 말해 주기를 오랫동안 그리워하던 그 밤에, 그런 말들을 크리스가 했던 것이다. 방치된 가정주부 리사는 여러 해 만에 처음으로 못 견디게 매혹적인 감정을 느꼈다. 문제는 옳지 않은 남자가 그런 느낌을 불러일으켰다는 것이다.

크리스의 사려 깊은 헤아림은 리사와의 모든 상호작용을 통해서 돋보이고 두드러졌다. 사소한 일들이 가장 중요한 것의 바탕을 이룬다. '가랑비에 옷 젖는 줄 모른다'는 속담과 같이, 일상생활에서 보여 준 작은 호의와 예의와 바른 행실이 가장 중요하고 가장 큰 영향력을 끼치는 것이다. 크리스와 리사가 대화를 나눌 때 그는 그녀를 바라보았고 굴욕을 느끼게 하는 대신에 나란히 보조를 맞췄으며 그녀가 산란하고 음울할 때 마음을 쓰고 배려하였다.

크리스는 리사를 부드럽고 공손한 태도로 대하였다. 잭이 오래 전에 잃어버린 흠모함으로 그녀에게 키스했다. 그는 존경심을 표시했고 소중히 여겼다. 그의 행동은 그녀가 그에게 얼마나 중요한지를 반영하였다. 모든 시대를 통틀어 다른 여성들과 마찬가지로, 리사도 매력적으로 느껴지고 남편에게 갈망의 대상이 되기를 바랐다. 그와는 반대로, 그녀는 자신이 하찮고 외롭고 유혹에 취약하고 상처받기 쉬움을 느꼈다. 리사는 다른 누군가를 추구하거나 유혹하지는 않았지만, 기회가 그녀의 무릎 위에 내려앉았던 것이다. 연약함 중에 그 기회는 감당하기 어려운 유혹이라는 것을 절감하였다.

멈춰야 될 순간

전국적으로 수많은 기독 여성들과 이야기를 나누고 인터뷰를 하면서 많은 리사들을 만났다. 어떤 이들은 삶의 공허를 채우기 위해 부정한 관계를 가졌다. 다른 이들은 불륜관계를 생각하거나 정서적인 간통을 하였다. 슬픈 사실은 그 남녀관계가 종국에 이르면 엄청난 죄

각기 다른 방법으로 살아가는 부부관계에서 우리는 정신적인 사건에 휘말려들 수가 있다.

책감과 수치와 불행과 파멸이 뒤따라온다는 것이다. 죄는 잠깐 동안 즐겁지만 히브리서 기자가 우리에게 확증한 바와 같이, 그 시간이 지나면 고통과 불행이 시작된다.

각기 다른 방법으로 살아가는 부부관계에서 우리는 정신적인 사건에 휘말려들 수가 있다. 우리는 사탄이 우리 앞에 매달아 놓고 흔들어 보이는 금지된 열매의 유혹에 맞서 자신을 보호하고 지켜야 한다. 정신적인 간통 중 하나는 한 남자를, 어쩌면 낯선 한 사람일 수도 있겠지만, 멀리서 공상에 잠긴다거나 그와 로맨틱한 또는 성적인 만남을 그릴 때이다. 예수님께서 "나는 너희에게 이르노니 여자를 보고 음욕을 품는 자마다 마음에 이미 간음하였느니라"(마 5:28)고 하신 말씀을 기억해야 한다. 우리는 공상은 관계없다고 말하는 세상에서 살지만 우리에게 그렇지 않다고 말씀하시는 하나님이 계신다.

또 다른 형태의 정신적인 불륜은 일종의 친구관계로 시작된다. 친구관계가 꽃을 피우고 나눔이 일어나면 정서적인 친밀함이 증대된다. 리사와 같이 불시에 자신이 남편보다 다른 남자를 더 많이 생각하는 것을 발견하게 된다. 좋은 일이든 궂은 일이든 일상생활에서 어떤 일이 발생했을 때, 잭이 아닌 크리스에게 그 소식을 알리고 싶어하는 자신을 발견했다라고 리사는 토로했었다. 상황이 위태로운 데에 처해 있는 것이다.

많은 여성들은 다음의 진술이 논의할 여지가 있다고 말할지 모르지만, 나는 확고한 태도를 취할 것이다. '당신이 일단 결혼했으면, 가벼운 지인 이상의 남자 친구를 가지는 것은 위험한 불장난을 스스로 허용하는 것이다.' 우리 중 대부분이 한두 번쯤은 남편이 아닌 다른 남성의 친절과 배려에 약해질 때가 있다. 그러나 무엇 때문에 당신 자신과 당신의 결혼생활을 위태롭게 만들겠는가? 이 책을 쓰기 위한 탐구조사에서 확인한 또 한 가지 흥미로운 사실은 멍에를 달리한 여성들은 친절한 남자 신자의 배려에 자주 멍에를 같이한 여성보다 훨씬 더 감동하기 쉽다는 것이다. 그것이 경계해야 할 또 하나의 이유가 된다.

당신이 남편과 처음 사랑에 빠졌을 때를 기억하라. 모든 것이 새롭고 신선하고 흥미로웠다. 해가 가면서 강렬함은 지워지고 단조로움과 판에 박힌 일상만이 남겨졌다. 크리스의 사건으로 인해 리사는 '살아 있다는 게 얼마나 대단한 일인가' 하는 흥분을 재발견하였다. 그녀가 욕망을 실제로 따르기 이전에 중단할 수 있었던 것은 오로지 하나님의 은혜였음을 인정하였다.

"나는 내 안에 있는 모든 것으로 크리스를 원했지요. 그러나 우리가 키스하는 순간, 이혼한 가족에서 자라날 아이들의 현실이 그 시점에서 나를 멈추게 해 주었어요. 나는 아이들에게 그렇게 할 수는 없었어요."

그날 밤 잭이 집에 돌아왔을 때, 리사는 침실에서 울고 있었다. "여보, 무슨 일이야?" 그는 놀란 목소리로 말했다. 그는 그녀 곁에 다가와 그녀의 머리카락을 어루만졌다. "당신 어디 아파? 누가 죽었어?"

리사는 코를 훌쩍이며, 흐느끼는 도중에 말하려고 애쓰면서 머리를 내저었다. 그녀는 죄책감과 수치를 고백하면서 이야기를 쏟아 내었다. "나를 용서해 줄 수 있어요?"

놀랍게도 잭은 그녀를 두 팔로 껴안았고 그들은 함께 울었다. 그 일은 거의 잃어버릴 뻔한 그들의 결혼생활에 새로운 가치를 부여해 주었다고 그는 고백하였다. "내게도 부분적으로 잘못이 있음을 알아요."

크리스는 잭과 리사의 집에 다시는 방문하지 않았다. 친구를 잃었지만 결혼을 지켜내는 일이 더 중요하다. 이제 잭은 리사의 가장 소중한 친구가 되었다.

"나는 어떤 남자와도 가까워지는 것을 허용하지 않아요. 나는 어쩌면 두려운 질병과도 같이 친절한 인사 이외의 것들은 회피하지요. 나는 애정과 관심을 잭에게 집중합니다."

영적인 사례들

성적인 죄악에 직면했을 때, 날쌔게 비켜 황급히 도망간 매우 지혜로운 남자, 요셉을 살펴보자. 그는 질투심 많은 형제들에 의해 노예로 팔려갔다. 이집트에 도착하자 바로의 신하 중 한 사람이었던 보디발이 그를 샀다. 바로는 이집트의 왕이었고, 보디발은 왕궁 호위병의 지휘관으로 중요한 인물이었다.

요셉은 열심히 일했고 보디발은 요셉을 주목했다. 하나님께서 함께하시고, 그가 하는 모든 일에 형통케 하심을 확실히 눈여겨보았다. 자연히 요셉은 총애하는 종이 되었고 얼마 있지 않아 그의 가정사를 총괄하도록 모든 책임을 그에게 위탁하였다.

창세기 39장에 의하면 요셉은 얼굴이 잘생기고 풍채가 좋은 청년이었다. 보디발의 아내는 그를 주목하고 그를 원하기 시작하였고 마침내 그녀의 침실로 그를 끌어들였다. 요셉은 일거에 거부하였다. 자신을 절대적으로 신뢰한 사람을 어떻게 배신할 수 있단 말인가? 요셉은 "내가 어찌 이 큰 악을 행하여 하나님께 득죄하리이까"(9절)라고 하였다.

보디발의 아내는 날마다 요셉에게 압력을 가했으나 요셉은 가능한 그녀를 피하면서 확고하게 거절하였다. 요셉이 망설이거나 주저하지 않았던 것을 주목하는 것이 중요하다. 건전한 사고력 계발에 관한 장(4장 '갈망하는 마음')에서 살펴본 바를 토대로 한다면, 그는 결코 그런 가능성을 마음에 품는 것조차 허용하지 않았던 것이다. 마음속에서 결단을 내리고 나면 굳게 서는 것은 훨씬 쉬워진다. 주춤거리면서, '그렇게 하면 어떻게 될까' 라는 등의 생각은 하지 말라.

어느 날 할 일을 다 하기 위해 집에 들어갔을 때, 그곳은 온통 비어 있었다. 어느 곳에도 종 한 사람 서성거리지 않았다. 보디발의 아내는 방 안으로 들어와 그의 외투를 덮쳐 움켜잡고 "나와 침실로 가자!"고 요구했다. 그는 외투를 벗어 두고 도망을 쳤다! 이 광경이야말로 음행을 피하라는 바울의 충고에 가장 훌륭하고 적절한 반응이 아니겠는가? 요셉이 이만하면 안전하다고 판단될 때까지 얼마나 더 달려갔을지 궁금해진다.

이제 요셉의 거절을 용납할 수 없는 보디발의 아내는 복수를 결심하였다. 요셉이 자기에게 얼마나 열렬히 구애하였는지 그녀가 소리쳐 도움을 청했을 때 그가 어떻게 외투를 벗어 던지고 달아났는지 터무니없는 거짓말을 꾸며댔다. 올바른 행동에는 엄청난 대가가 지불되었다. 요셉은 결국 감옥에 갇혔지만 그는 하나님 앞에 깨끗하고 반듯하게 서 있었다.

요셉의 이야기를 신약성경에 나오는 간음한 여자와 대조해 보자. 새벽녘에 성전 안뜰에 모여드는 무리에 둘러싸인 예수님을 상상해 보자. 그분이 가르치시고자 앉으셨을 때, 율법사들과 바리새인들은 그분을 저지하였다. 그들은 간음한 여인을 데리고 와서 무리 앞에 서게 하고 그녀가 행한 일과 돌로 쳐 죽임을 당해야 마땅한지 예수님께 물었다. 현장에서 잡혔다면 모세의 율법에 따라 돌로 쳐 죽이는 게 마땅했다. 그들은 예수님께, "당신은 무어라고 하십니까?" 하고 물었다.

나는 사람들과 상대하시는 예수님이 다 좋지만, 이 상황은 그 중 가장 좋아하는 장면이다. 그분은 몸을 굽혀 흙먼지 위에다 손가락으로 무엇인가를 쓰셨다. 실제로 어떤 말을 쓰셨는지 많은 추측이 있어 왔지만, 나는 그분이 그들의 모든 죄에 대한 목록을 열거하지 않았을까 생각한다. 그들은 계속 질문하였고, 그분은 일어나셔서, "너희 중에 죄 없는 자가 먼저 돌로 치라"(요 8:7)고 말씀하셨다. 그리고 그분은 몸을 굽혀 땅 바닥에 쓰기를 계속하셨다.

그분의 말씀에 나이 먹은 사람들로 시작하여 모든 무리가 하나둘 흩어져 떠나갔다. 독선적인 위선자들 중에 단 한 사람도 몸을 구부려 돌을 집어 올리는 자가 없었다. 마침내 여자와 예수님만 남았을 때, 그분은 그녀에게, "여자여 너를 고소하던

> 당신이 만일 정신적인 또는 육체적인 간통을 범했다면, 그분의 말씀을 선물로 마음을 치유하는 향유로 받아들이라.

그들이 어디 있느냐? 너를 정죄한 자가 없느냐"고 물으셨다.

대답하기를 "주여 없나이다." 예수님께서는, "나도 너를 정죄하지 아니하노니 가서 다시는 죄를 범치 말라"고 말씀하셨다(요 8:10-11).

우리 주 그리스도 예수님의 친절하시고 포근하신 용서의 마음을 어찌 사랑하고 사모하지 않을 수 있을까? 당신이 만일 정신적인 또는 육체적인 간통을 범했다면, 그분의 말씀을 선물로 마음을 치유하는 향유로 받아들이라. 그리고 "가라 그리고 다시는 죄를 범치 말라"고 하신 그분의 충고에 유의하라. 하나님의 은혜를 받아들여 요셉의 삶을 선택하기에 너무 늦지 않았다. 과거를 내려놓고 그분에게 매달리라.

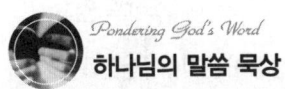
하나님의 말씀 묵상

- "내가 내 눈과 언약을 세웠나니 어찌 처녀에게 주목하랴"(욥 31:1).
- "음행을 피하라 사람이 범하는 죄마다 몸 밖에 있거니와 음행하는 자는 자기 몸에게 죄를 범하느니라"(고전 6:18).
- "하나님의 뜻은 이것이니 너희의 거룩함이라 곧 음란을 버리고" (살전 4:3).
- "간음하지 말지니라"(출 20:14).
- "만일 우리가 우리 죄를 자백하면 저는 미쁘시고 의로우사 우리 죄를 사하시며 모든 불의에서 우리를 깨끗케 하실 것이요"(요일 1:9).

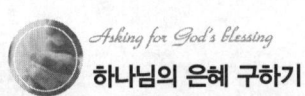
하나님의 은혜 구하기

가장 존귀하신 하늘에 계신 아버지시여,

예수님과 간음한 여자에 관한 포근한 이야기를 떠올리면서, 당신의 동정심 깊은 자비심에 가슴이 감사로 벅차오릅니다. 저는 어쩌면 행위로 죄를 범하지는 않았을지라도, 아마도 확실히 하지 말았어야 할 생각을 마음에 품었었습니다. 이제부터는 좌우로 동요하지 않고 반듯하게 서서, 요셉이 행한 것처럼 모든 유혹을 피하려고 합니다.

그리고 주님, 타인에게 돌을 던지지 않게 도우소서. 우리는 모두 동일한 유혹과 싸우지 않을지라도 그것이 간통이든지, 자만, 독선, 위선, 험담, 불평, 불만, 잔소리, 그 외의 무엇이든지, 우리 모두는 어떤 유혹이든 싸울 수 있다는 것을 항상 염두에 두게 하옵소서. 내 눈에 들보가 있을 수 있는데 상대의 눈에 티를 찾지 않게 하소서.

제가 생각과 언행을 순결하게 지키고 위험으로부터 도피함으로써 삶으로 주님께 영광을 돌려드리기를 기도합니다. 저의 구세주와 주인 되시는 자비하신 예수님의 이름으로 기도드립니다. 아멘.

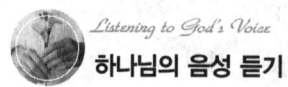
하나님의 음성 듣기

유혹을 피하는 실질적인 방법을 지적해 주시기를 하나님께 구하고 그것들을 다음에 기록해 보자.

Chapter 07
산을 옮기기와 두더지 흙 두둑 소탕하기

기도 - 성공의 열쇠

나는 들뜬 마음으로 열세 살 된 막내아들 아담을 데리러 교회로 향했다. 그 사이 그가 보고 싶었지만 아이들이 캠프를 마치고 돌아오는 모습을 지켜보는 것이 더 좋았다. 나는 아담이 예수님으로 벅차올라 있을 것을 알고 있었다. 하나님께서 중학생이 된 그에게 어떻게 자신을 나타내셨을지 속히 알고 싶었.

짧게 끌어안아 인사를 하고는 쌓아 올린 침낭, 여행가방, 책가방들 속에서 아담의 소지품들을 찾아냈다. 그가 친구들과 작별인사를 나누는 모습을 한참 동안 지켜본 후, 드디어 우리는 집으로 향했다.

아담은 차가 거리를 달리기 시작하자마자 다그쳐 "엄마, 내가 뭘 깨달았는지 아세요?" 하고 말문을 열었다.

"몰라, 뭔데?"

"예수님을 알게 하기 위해서라면 나는 아빠를 위해서 기꺼이 죽을 수 있다는 것을 깨달았어요."

나의 온 몸의 공기가 '휴우' 하고 빠져나갔다. 너무도 충격적이어서 어떻게 반응을 해야 할지 몰랐다. 왈칵 올라오는 눈물을 참으려고 눈을 마구 깜빡거렸다. 그때로부터 10년이 지난 지금에 와서도 그때 어떻게 응했는지 어떻게 집까지 안전하게 운전했는지 기억이 나지 않는다. 그가 왜 그런 결론에 이르렀는지 또한 알지 못한다. 오직 기억되는 것은 아들을 제발 데려가지 말아 달라고 간절히 기도한 일이다.

공교롭게도 나는 아브라함의 생애에 대해서 공부하고 있었다. 바로 그 전날 아침, 아브라함이 아들을 기꺼이 제단에 올려놓은 사건에 대해서 깊이 묵상했었다. 나는 결코 아브라함처럼 충성되고 신뢰할 만한 적이 없었다는 것을 시인하지 않을 수 없었다. 이제 딘이 그리스도를 알기 위해서 아이들 중 하나가

나의 삶을 주님께 다시 헌신했던 거의 동일한 시기에, 나는 우리 아이들 가운데 어떤 비극적인 사건이 일어날 것 같은 예측을 했었다.

죽어야 할지도 모른다는, 내 속에 뿌리박힌 두려움이 현실화되는 게 아닌지 두려웠다.

나의 삶을 주님께 다시 헌신했던 거의 동일한 시기에, 우리 아이들 가운데 어떤 비극적인 사건이 일어날 것 같은 예측을 했었다. 결국 내가 주께 돌아오기까지는 아버지의 죽음이 있어야 했듯, 하나님께서 딘을 이끌어내시기 위해서는 동일하게 애끓는 비통함이 있어야 하는 것은 아닐는지 가정하고 있었다.

내가 아는 한 가정에서는 어린 아기를 잃었으며, 그 사건을 통해 하나님께서는 그 부모를 주님께로 이끄는 데 사용하셨다. 많은 인간들은 하나님께 자진해서 나아올 만큼 현명하지 못한 것 같다. 인간은 위를 바라보기에 앞서 엉덩이를 얻어맞아야만 하는 것이다.

나는 그것이 딘의 경우가 될까 봐 두려웠고, 치러야 할 대가가 나를 겁에 질리게 만들었다. 초기에는 생각만 해도 너무 망연자실하여 아예 남편의 구원을 위해 기도도 하지 않았다. 시간이 어느 정도 지나서야 하나님께 두렵고 떨림으로 나아가, 딘을 그리스도께로 이끌어 주시기를 간청하기 시작하였다. 그리고 거의 20년을 그 기도의 대가를 두려워하면서 흘려보냈다.

약 1년 반 전에, 하나님께서는 그 두려움과 근심이 우리 가족 한 세대에 자리 잡은 요새라는 것을 밝혀 주셨다. 성경공부를

7장 산을 옮기기와 두더지 흙 두둑 소탕하기

통하여, 하나님께서 나를 얼마나 지극히 사랑하시는지 그리고 나와 내 자녀들을 위해서 무엇을 준비하셨든지 그것은 그분의 최선이요, 최상의 것임을 깨닫게 하셨다. 그분의 방법은 나의 방법과 다르므로 무슨 일이 있을지라도 이제 나는 그분을 온전히, 전적으로 신뢰한다.

나는 아담의 열정적인 선언 이후 아무 일도 없었다는 것을 기쁘게 이야기할 수 있다. 다만 하나님께서는 대가가 무엇이든 흔쾌히 순종하려는 마음을 그에게 주셨던 것이다. 아담이 아빠를 사랑하고 아빠의 영혼 구원에 대해 고심하며, 만일 하나님께서 요구하신다면 희생마저도 감수하겠다는 용기에 나는 깊은 감동을 받았다. 예수님께서도 친구를 위해 목숨을 내어 놓지 않겠느냐고 말씀하시지 않았던가?

얼마 전 내 친구 수잔이 아들, 브라이언을 백혈병으로 잃은 것을 기억하는가? 나는 스물네 살의 나이에 죽은 그에게서 무슨 좋은 일이 나올 수 있겠는가라고 단정지었지만 하나님의 목적과 관심은 우리의 성장과 그분의 영광에 있다고 말씀하셨다. 적어도 일곱 사람이 브라이언의 장례식에서 그리스도를 믿기로 결신하였다. 그 외에도 수많은 사람들이 주 예수님에 대한 그의 사랑에 깊은 감동을 받았다. 집을 나갔던 탕자들은 양의 우리 안으로 다시 돌아왔고, 주님의 나라를 위한 많은 성취가 이루어졌다. 그리고 브라이언은 완벽하게 치유되어 하늘나라에서 거룩하시고 의로우시며 존귀하신 하나님을 경배하고 있다. 나는 이런 삶이 이해할 수 없을 때에도 반드시 그분을 신뢰할 것이다.

남편을 위한 기도

나는 두려움에도 불구하고 결국 강제적으로 딘을 위해 기도하기 시작하였다. 무엇을 어떻게 요청해야 할지 몰라 '주님, 남편을 위해 기도하기를 가르쳐 주세요' 라고 부탁드렸다. 나는 조직적인 유형의 사람이어서 확실하게 목록을 만들고 주께서 내 앞에 맡겨 주신 새로운 임무를 관장하기 위해서 계획이 필요하였다. 성경을 읽으면서 그리고 지인들과 이야기를 나누면서 남편의 삶 가운데 기도가 필요하다고 느낀 열 가지 영역에 대한 목록을 만들어 하나님께 간구하기 시작하였다.

첫 번째 기도 요청은 '남편의 구원과 영적 성장'이다. 딘의 마음과 눈을 열어 구세주의 필요성을 보게 하시고, 나는 그가 온 마음과 뜻과 힘을 다하여 하나님을 사랑하기에 이르도록 기도한다. '주님, 그가 주의 말씀을 사랑하게 해 주세요. 읽고 싶고 순종하고픈 욕망을 가지게 하시고, 기도하고픈 열정을 갖게 해 주세요.' 그가 하나님의 마음에 합한 자가 되고 그리스도의 마음을 소유하며 성령님의 인도하심에 자신의 의지를 순종하게 도우시기를 간구한다. 남편이 죄를 미워하고 옳고 그름에 대한 분별력을 시간이 지날수록 더 하시기를 간청드린다.

나는 성경말씀이 남편에게 이루어지기를 기도한다. 하나님의 말씀은 헛되이 돌아오지 않으며 그분의 뜻대로 구하는 모든 기도는 반드시 응답하심을 나는 믿는다. "그를 향하여 우리의 가진 바 담대한 것이 이것이니 그의 뜻대로 무엇을 구하면 들으심이라 우리가 무엇이든지 구하는 바를 들으시는 줄을 안즉 우리가 그에게 구한 그것을 얻은 줄을 또한 아느니라"(요일 5:14-15). 말씀을 근거로 기도할 때, 그것은 곧 하나님의 뜻을 위해 기도한 것이라고 확신한다. 응답에 대한 확실한 약속을 가지게 되는 것이다.

> 나는 약 20년간 남편을 위해 기도해 왔고 그동안 수많은 응답을 목격하였다.

당신의 상황에 적합한 성경말씀을 찾으라고 권한다. 노트, 카드꽂이 또는 기도일지에 기록하여 간직하라. 처음에 나는 성경용어사전을 활용하였지만 상황과 관련해서 주시는 말씀들을 계속적으로 기도에 추가시켜 나갔다. 또한 에베소서 1:15-23, 3:14-21, 빌립보서 1:9-11, 골로새서 1:9-12에 있는 바울의 기도를 가지고 기도하기를 좋아한다.

  나는 약 20년간 남편을 위해 기도해 왔고 그동안 수많은 응답을 목격하였다. 우리가 중요한 이슈에 직면했을 때, 하나님께 말씀드렸고 그분은 자주 나와 딘의 마음을 일렬로 정렬시켜 주셨다. 나 자신을 위해 기도하지 않을 일은 딘을 위해서도 기도하지 않는다. 그를 위해 기도할 때, 하나님은 오히려 나를 변화시키셨다. 나는 이 남자를 깊이 사랑하고 그의 존재 자체와 그의 변화된 모습을 소중히 여긴다.

  내 친구 수지는 남편, 알렉스가 경건한 사람이 되기를 간절히 원했다. 그리하여 대부분의 아내들이 그러하듯 그가 그 목표에 달성할 수 있도록 잔소리하고 자극하며 촉구하고 넌지시 암시하곤 하였다. 하지만 그녀가 설교하기를 멈추고 기도하기 시작했을 때에야 그의 삶은 변화되었다. 우리는 다른 어떤 것보다도 무릎 꿇음을 통해서 더 많은 것을 성취할 수 있다. 짐작이 가듯이 그녀와 알렉스는 둘 다 이전보다 더 행복해졌다.

  두 번째 기도 요청은 '결혼생활'이다. 결혼생활이 그리스도와 교회와의 관계를 대표하기 때문에(엡 5:32), 또 그리스도인의 결혼생활이 세상을 향해 아름다운 모습이기를 하나님께서 원하시기 때문에 나는 그분이 교회를 사랑하신 것같이 딘이 나를 사랑하기를 기도한다(25절). 나는 그에게 복종하고 그를 존중하며 진심으로 돕는 배필이 되기를 구하고 우리의 관계를 하나님께서 지켜 보호하시기를 기도한다. 여기서도 역시, 성경용어사전을 통해 결혼생활과 관련하여 인용할 성구들을 찾았다. 그것이 그분의 뜻이라면 그분은 반드시 응답하신다는 것을 기억한다.

그렇지만 나는 하나님의 일정표는 나의 일정표와 좀처럼 동일하지 않다는 것을 깨달았다. 때로는 포기하고 싶을지라도 포기할 수가 없었다. 어떤 목사님이, "수학적으로 말해서 1,000년이 하나님께 하루 같다면, 10년은 하나님의 시계로 우리에게 약 15분과 동일합니다"라고 하는 말을 들었다. 20년이 영원처럼 느껴질 때면, 하나님께는 짧은 30분에 불과하다는 것을 되뇐다. 그러고 나면 20년은 길지 않으며, 구하고 찾고 두드리는 것에 대한 보다 거시적인 조망을 갖게 된다. 내가 자주 반복적으로 상기하는 또 한 가지 사실은 '내가 남편을 사랑하는 만큼 하나님은 그를 사랑하시며 동일한 열정으로 그의 구원을 열망하시고 소원하신다' 는 사실이다.

결혼은 언약관계이며, 나는 그것이 하나님의 심장과 가깝고 소중하다는 것을 믿는다. 이미 언급한 바와 같이, 신자의 결혼은 그리스도와 그분의 신부인 교회와의 관계를 묘사하는 그림이다. 우리의 결혼생활을 통해서 우리를 향한 하나님의 사랑을 간절히 반사하고 싶어하신다는 것을 안다.

모니카는 남편, 스티브가 자기를 소중히 여겨 주기를 간절히 바랐다. 그녀가 포근하고 로맨틱한 남편이 되게 해 달라고 하나님께 기도했을 때, 스티브가 작은 일에 보다 사려 깊고 배려하는 사람이 된 것을 그녀는 감지하였다. 그녀는 스티브가 그녀를 소중히 여겨 좋을 뿐만 아니라 하나님의 인자하신 응답에 더욱 놀라고 기뻤다. 결과적으로 하나님께서 영광을 받으시기 때문에, 그분은 이런 방식의 기도에 응답하시기를 기뻐한다는 것을 나는 믿는다.

세 번째로, '하나님의 계획과 섭리대로 자녀들을 양육' 하도록 딘과 나를 지도해 주시기를 간절히 간구한다. 사도 바울은 에베소 교회의 아버지들에게 그들의 자녀들을 노엽게 하지 말라고 훈계하였고 골로새 교회의 아버지들에게 그들을 분격시키지 말라고 경고하였다. 부모로서 아이들을 가르치고 훈육시키고 성숙케 하며 통제하는 일에 대한 하나님의 가르침은 나의 삶 가운데에 중요한 기도가 되었다. 또한 자녀들과 우리의 관계가 사랑, 존중, 격려로 채워지기를 기도드린다.

메르시의 남편, 존은 교회에 출석하지 않음에도 메르시의 기도대로 자녀들의 영적 건강에 대한 진정한 관심을 가지고 있다. 메르시는 "존은 아이들의 교회 출석을 격려함은 물론 자진해서 기독교학교, 선교여행, 캠프비용 등을 지불하지요"라고 말하며 고마워했고 모든 영광을 하나님께 돌렸다.

'친인척들을 위한 기도'는 네 번째 기도 영역이다. 나의 친인척 중 많은 이들이 예수님을 구주로 영접하지 못했다. 우리 가족이 어두운 세계에 빛이 되기를 기도하지만 그보다 더 중요한 것은, 우리가 그들을 하나님의 사랑으로 사랑하고, 그들이 우리를 필요로 할 때 즉시 응할 수 있으며, 각 사람과의 풍요로운 관계를 위해 기도드린다.

하나님께서는 그 기도들을 들어주셨다. 딘과 나는 열 명의 그의 형제자매와 그들의 배우자들, 그리고 스물세 명의 조카들과 잘 지내고 있다. 그 중 많은 이들이 결혼하였고, 서른네 명의 조카 손자들이 있다. 남편의 가족 한 사람 한 사람을 나는 많이 사랑하고 있다. 그리고 그것이 '하나님의 일'이라고 믿는다. 매주 그들 각각의 이름을 부르며 하나님께서 한 사람도 멸망치 않게 당신께로 이끄시기를 기도한다. 그리고 20년이 넘은 지금 기도의 열매들을 목도하고 있다.

다섯 번째 요청은 '남편의 친구들과 우정관계'이다. 하나님께서 선한 행실을 더럽히는 악한 친구들로부터(고전 15:33) 남편을 보호해 주시고, 그분의 마음을 가진 경건한 친구들을 만나도록 기도드린다. 하나님이 그렇게 하신 것처럼 그도 "사랑이 끊이지 아니하는"(잠 17:17) 친구가 되고 동일하게 사랑이 끊이지 않는 친구들과 교제하기를 소원한다.

주목하신 바와 같이, 앞의 다섯 가지 기도 요청은 모두 관계와 관련되어 있다. 다음 다섯 가지는 남편의 삶에 초점이 맞추어져 있다.

여섯 번째 기도는 '딘의 직업'을 위한 것이다. 직장에서의 안전과 보호를 위해 기도한다. 또한 필요를 공급해 주심을 감사하고 "그리스도 예수 안에서 영광 가운데 그 풍성한 대로 너희 모든 쓸 것을"(빌 4:19) 계속적으로 채워 주시기를 구한다.

일곱 번째는 '청지기 직분'을 위함이다. 딘이 시간, 돈, 물질을 지혜롭게 활용하기를 기도드린다. 또한 억지로가 아니라 즐거이, 정직하게 헌납하도록 도우시고, 내가 아는 가장 관대한 사람이 되게 하시기를 구한다. 십일조를 기꺼이 드릴 뿐만 아니라 누구에게나 무엇이든 내어 주는 후한 사람이 되게 하시기를 기도한다.

> 남편 뒤우 오직 하나님 다음으로 교회 위에 있는 나의 우선순위이다. 내가 나의 남편을 존중할 때 나는 하나님을 존중하는 것이다.

메르시는 수입의 10%를 드리기를 간절히 바랐지만, 존은 그 지점에 이르지 못하였다. 그녀의 목사님은 하나님이 중심을 보신다는 것을 그녀에게 확신시켰다. "믿지 않거나 원하지 않는 배우자 때문에 십일조를 내지 못하면, 하나님께서 그 소원을 고려하시고 그에 준하여 복주십니다." 메르시는 조금 안심되긴 하였지만 그 문제를 놓고 계속해서 기도드렸다. 약 1년이 지난 후, 다시금 존에게 부탁했을 때, 그가 허락하였다.

'남편의 건강'을 위한 기도는 여덟 번째 영역이다. 그가 겪을 수 있는 모든 질병을 주님께 들어 올리고, 그의 건강과 장수를 위해 기도한다. 이 사람과 함께 늙어 가기를 원하기에, 그분을 섬길 수 있는 건강한 노령을 주시기를 간청한다.

아홉 번째는 '남편의 마음'이다. "너희는 이 세대를 본받지 말고 오직 마음을 새롭게 함으로 변화를 받아"(롬 12:2). 이 말씀을 붙잡고 남편의 마음을 매일 새롭게 하시고 그의 생각을 사로잡는 법을 가르치시며 선택적으로 참되고 옳으며, 정결한 것들에 대한 생각을 하도록 훈련시키시기를 하나님께 기도한다(빌 4:8). 딘이 상처받았을 경우, 용서함으로써 신랄함과 괴로움이 그의 삶에 뿌리 내리지 못하기를 기도한다.

> 남편의 마음을 매일 새롭게 하시고 생각을 사로잡는 법을 가르치시며 선택적으로 참되고 옳으며 정결한 것들에 대한 생각을 하도록 훈련시키시기를 하나님께 기도한다.

엘렌과 데이빗은 10년 이상을 임금 지불 수표에서 가불받으며 살아온 이후, 1만 불 이상의 목돈을 한번에 받았다. 엘렌은 말했다. "난 그것으로 우리의 신용카드 빚을 갚고 높은 이자에서 벗어나고 싶었어요. 하지만 데이빗은 그저 새로운 기분으로 그 돈을 은행에 넣어 두기를 원했지요. 훨씬 더 적게 벌면서 14%를 지불하는 것에 대해 설득하려고 애를 쓰다가, 나는 입을 다물고 기도하기로 결정했어요. 기도한 지 일주일도 안 되서 데이빗은 빚을 갚는 것이 더 이득이 된다는 것을 알겠노라고 말했어요. 나는 나의 좌절된 기도를 하나님께서 들어주신 것을 알았지요."

마지막으로, '남편이 성실하고 정직한 사람이 되기'를 기도한다. 누가 보든지 보지 않든지 올바르고, 정직한 선택을 하도록 기도한다. 이 기도를 하나님께서 얼마나 성실하게 응답하셨는지를 깨닫는 일이 얼마 전에 있었다. 막내아들 아담이 법과대학을 지원하면서, 자기소개서에 정직과 청렴을 매일 선택하며 보여 준 아버지가 이상적인 본보기가 되었음을 기록한 것이다. '주님, 딘이 세 아이들에게 제공해 준 모범을 감사드립니다.'

포기할 수 없는 기도

혹시 나에 대해 모든 문제를 해결하고 결코 지치지 않는 완벽한 기도의 용사라고 생각할까 봐 말씀드리는데 결코 그런 사실과는 거리가 멀다. 나는 여러 해에 걸쳐 몇 번이나 기도를 내려놓고, 몇 번이나 포기하였었다. 하나님의 시계는 상이하고 특별한 시간대에 맞추어져 있으며 인내가 마땅한 열매일지언정 그것은 내게 속한 것이 아니었다.

나의 삶에서 아무것도 변한 것이 없고 기도란 단지 호흡의 허비일 뿐만 아니라 막대한 시간 낭비라고 생각한 시점에 하나님께서는 나를 사무엘상 12:23로 인도하셨다. "나는 너희를 위하여 기도하기를 쉬는 죄를 여호와 앞에 결단코 범치 아니하고." 기도하지 않는 것은 죄와 동등하기 때문에, 기도는 나의 삶에서 선택사항이 아니라는 것을 그때에 알게 되었다. 기도의 결과는 하나님의 몫이지만 기도의 행위는 나의 책임이다. 그 진리는 나의 가슴속에 정통으로 부딪쳤다. E. M. 바운즈(E. M. Bounds)는 "하지만 우리의 기도는 결코 지치지 않는 에너지로 추진하고 수행해야 할 필요가 있으며, 거기에는 거부하지 않는 집요함과 결코 쇠하지 않는 용기가 필요하다"고 말했다.

구약성경의 아론과 훌을 기억하는가? 그들은 모세가 지쳐 기도를 계속할 수 없었을 때, 위를 향해 든 그의 팔을 붙들어 주었다. 이스라엘은 격렬한 전쟁 중에 있었다. 모세가 하늘을 향해 두 손을 들고 기도하고 있을 동안에는 우세하였고 그의 손이 떨어졌을 때는 패배로 기울어졌다. 우정에 관한 장(5장 '친구들과 나')에서 언급한 바와 같이 여기서 다시 한 번 되풀이한다면, 우리 모두에게는 아론과 훌이 필요하다. 때로는 다른 사람의 도움 없이는 한 발자국도 앞으로 나아갈 수 없는 때가 올 수 있기 때문이다.

내가 낙심하고 포기하려고 했으나 그게 아니라는 것을 또 한 번 알게 된 때는 골로새서 4:12과 마주한 후였다. 이 말씀은 눈에 띄지 않는 성경구절이지만 훗날 기도에 관해 내가 가장 좋아하는 구절이 되었다. "그리스도 예수의 종인 너희에게서 온 에바브라가 너희에게 문안하니 저가 항상 너희를 위하여 애써 기도하여 너희로 하나님의 모든 뜻 가운데서 완전하고 확신 있게 서기를 구하나니." 에바브라는 하나님의 백성들이 완전하고, 확고히 서서 성숙하도록 전심전력으로 기도와 씨름하였다. 나는 남편을 위해 몸으로 막을 필요가 있는 것이다. 에바브라의 기도가 효과가 있었다면 내 기도도 효과가 있을 것이기 때문이다. 말씀은 그가 기도한 것같이 나도 대범하게 기도하도록 용기를 북돋워 주었다.

복음 전도자 루이스 팔라우(Luis Palau)는 말했다. "당신은 기도에 대한 모든 지침서들을 읽을 수 있고 다른 사람들이 기도하는 것을 들을 수 있지만 당신 자신이 기도하기를 시작하기 이

7장 산을 옮기기와 두더지 흙 두둑 소탕하기

전까지는 결코 기도에 대해 납득하지 못할 것입니다. 그것은 자전거를 타고 수영을 하는 것과 마찬가지입니다. 당신이 실행해 옮김으로써 그것을 배울 수 있습니다."

그러므로 두려워 말라. 실천이 기도의 용사를 만들고 기도의 용사들은 그들의 삶을 투자한다. 기도는 마음을 바꾸고 불가능한 것을 가능케 하며 가망이 없는 자에게 희망을 준다. 기도는 우리를 하나님께 두 팔을 벌려 의존하도록 하며 그것이 바로 그분이 우리에게 정확히 원하시는 바이다.

영적인 사례들

엘리야는 우리들 대부분이 보여 줄 수 없는 대단한 담력과 의기(義氣)를 보여 주었다. 엘리야는 그의 삶에서 믿음의 실천을 보여 주어야 했을 때, 하나님의 기대에 어긋나지 않았다. 그의 이야기를 살펴보자.

엘리야는 하나님의 지시에 따라 이스라엘의 왕 아합과 대면하였다. 그리고 왕에게 "이는 여호와의 명령을 버렸고 당신이 바알들을 좇았음이라"(왕상 18:18)고 말함으로써 그와 맞섰다. 그는 이스라엘 전역에서 사람들을 모아 갈멜산에서의 대면을 청하였다. "바알의 선지자 사백오십 인과 아세라의 선지자 사백 인을 갈멜산으로 모아 내게로 나오게 하소서"(19절).

아합이 그의 사람들을 불러 모으는 동안, 엘리야는 백성에게 가까이 나아가 말했다. "너희가 어느 때까지 두 사이에서 머뭇머뭇 하려느냐 여호와가 만일 하나님이면 그를 좇고 바알이 만일 하나님이면 그를 좇을지니라 하니 백성이 한 말도 대답지 아니하는지라"(21절). 엘리야는 "여호와의 선지자는 나만 홀로 남았으나 바알의 선지자는 사백오십 인"(22절)이라는 사실을 지적하였다. 그리고 "그런즉 두 송아지를 우리에게 가져오게 하고 저희는 한 송아지를 택하여 각을 떠서 나무 위에 놓고 불은 놓지 말며 나도 한 송아지를 잡아 나무 위에 놓고 불을 놓지 말고 너희는 너희 신의 이름을 부르라 나는 여호와의 이름을 부르리니 이에 불로 응답하는 신 그가 하나님이니라 백성이 다 대답하되 그 말이 옳도다"(23-24절) 하였다.

엘리야는 먼저 바알의 선지자들을 청하였고, 그들은 송아지를 취하여 잡고 아침부터 낮까지 바알의 이름을 불렀다. 그들은 단 주위에서 소리치고 날뛰었지만 아무 응답이 없었다. "오정에 이르러는 엘리야가 저희를 조롱하여 가로되 큰 소리로 부르라 저는 신인즉 묵상하고 있는지 혹 잠간 나갔는지 혹 길을 행하는지 혹 잠이 들어서 깨워야 할 것인지… 하매 이에 저희

7장 산을 옮기기와 두더지 흙 두둑 소탕하기

가 큰 소리로 부르고 그 규례를 따라 피가 흐르기까지 칼과 창으로 그 몸을 상하게 하더라"(27-28절). 그들은 그렇게 하기를 저녁까지 미친 듯이 계속하였다.

그리고 나서 엘리야는 백성들을 오게 하고, 이스라엘 지파의 수효를 따라 열두 돌을 취하여 여호와의 이름으로 단을 쌓았다. 단을 돌아가며 13갈론의 물을 담을 수 있는 도랑을 팠다. 또 나무를 패고 송아지의 각을 떠서 나무 위에 놓았다. 모든 것이 준비되자, 그는 커다란 통 넷에 물을 채우게 하였다. 그리고 세 번이나 물을 번제물과 나무 위에 붓게 하였다. 물이 단으로 두루 흐르고 도랑에도 가득하게 되었다.

이제 엘리야는 하나님이 하실 수 있는 일을 보여 줄 준비를 마쳤다. 그가 앞으로 나아가서 기도하였다. "아브라함과 이삭과 이스라엘의 하나님 여호와여 주께서 이스라엘 중에서 하나님이 되심과 내가 주의 종이 됨과 내가 주의 말씀대로 이 모든 일을 행하는 것을 오늘날 알게 하옵소서 여호와여 내게 응답하옵소서 내게 응답하옵소서 이 백성으로 주 여호와는 하나님이신 것과 주는 저희의 마음으로 돌이키게 하시는 것을 알게 하옵소서"(36-37절).

이에 여호와의 불이 내려서 번제물과 나무와 돌과 흙을 태우고 또 도랑의 물을 핥았다. 모든 백성이 엎드려 여호와 그분은 실로 하나님이시라고 선포하였다(38-39절).

엘리야의 믿음은 얼마나 엄청난가! 우리가 살펴보려고 하는 다음 본문의 제자들은 부활 이후 예수님께서 승천하시기 전까지 믿음이 없고 때때로 무지하며 깨닫지 못하는 무리였다.

마태복음 17장에 간질을 앓는 아들을 둔 아버지가 제자들의 도움을 구했으나 능히 고치지 못했던 이야기가 나온다. 아들은 자주 불이나 물에도 넘어지며 심히 고생하였다. 제자들이 아이를 고치지 못하자 아버지는 예수님께 나아왔다.

"믿음이 없고 패역한 세대여 내가 얼마나 너희와 함께 있으며 얼마나 너희를 참으리요 그를 이리로 데려오라 하시다 이에 예수께서 꾸짖으시니 귀신이 나가고 아이가 그때부터 나으니라"(마 17:17-18).

이후 제자들은 어찌하여 자기들은 소년을 고칠 수 없었는지를 예수님께 여쭈었다. "너희 믿음이 적은 연고니라 진실로 너희에게 이르노니 너희가 만일 믿음이 한 겨자씨만큼만 있으면 이 산을 명하여 여기서 저기로 옮기라 하여도 옮길 것이요 또 너희가 못할 것이 없으리라"(20절).

믿음은 기도생활의 핵심 요소이다. 히브리서 11:6은 "믿음이 없이는 기쁘시게 못하나니"라고 말씀하신다. 우리는 그분이 반드시 그렇게 하시지는 않더라도 반드시 하실 수 있음을 믿어야 한다. 우리의 기도를 '그래,' '안돼,' 또는 '기다려' 중에 어떻게 응답하실지는 그분의 결정적인 선택이지만, 우리는 마음속 깊이 그분의 능력을 믿어야 한다.

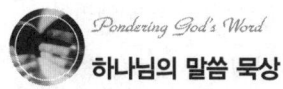
하나님의 말씀 묵상

- "여호와께서 집을 세우지 아니하시면 세우는 자의 수고가 헛되며 여호와께서 성을 지키지 아니하시면 파숫군의 경성함이 허사로다"(시 127:1).
- "주여 요한이 자기 제자들에게 기도를 가르친 것과 같이 우리에게도 가르쳐 주옵소서"(눅 11:1).
- "엘리야는 우리와 성정이 같은 사람이로되 저가 비오지 않기를 간절히 기도한즉 삼 년 육 개월 동안 땅에 비가 아니 오고 다시 기도한즉 하늘이 비를 주고 땅이 열매를 내었느니라"(약 5:17-18).
- "구하라 그리하면 주실 것이요 찾으라 그러면 찾을 것이요 문을 두드리라 그러면 너희에게 열릴 것이니"(마 7:7).
- "내 이름으로 무엇이든지 내게 구하면 내가 시행하리라"(요 14:14).

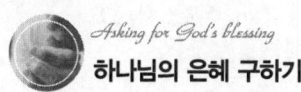
하나님의 은혜 구하기

아버지 하나님,

제가 남편과 가족, 친구들, 그리고 이웃들을 위해 기도할 때, 주님은 모든 것을 넉넉히 하실 수 있고 간구하는 그 이상을 하신다는 사실을 기억하고, 당신의 보좌 앞에 담대히 나아올 수 있게 도와주세요. 당신은 언제나 저의 최선을 염두에 두시고 최상을 약속하고 계시기에, 저는 그 결과를 두려워할 필요가 없습니다. 제게 엘리야와 같은 믿음을 주시고 엘리야처럼 당신을 담대하게 자랑해 보일 수 있는 용기를 주옵소서.

딘을 위해 기도할 때 마땅히 기도할 바를 지도해 주옵소서. 주님의 말씀대로, 주님의 뜻대로 기도하는 법을 끊임없이 가르쳐 주옵소서. 제가 당신 존전에 무릎을 꿇을 수 있다는 것을 엄청난 특권과 영광으로 생각합니다. 만왕의 왕, 만유의 주께서 저의 간청을 들으시고 그토록 친절하게 응답해 주시니 저는 얼마나 복받은 사람인지요! 당신의 존전에 저를 초청하시고, 당신 발 앞에 앉게 하셔서, 저의 소원과 두려움과 필요를 토로하게 해 주십니다.

언제 어디서나 기도드릴 수 있는 자유를 결코 당연한 것으로 받아들이지 않게 하소서. 더 기도하면 기도할수록, 그만큼 제가 변화 받는 것을 감사드립니다. 더 기도하면 기도할수록, 불쌍히 여기심과 인자하심을 더욱더 부여받습니다. 기도하면 기도할수록, 더욱더 제가 예수님을 닮아갑니다. 당신의 말씀에 대한 사랑, 기도에 대한 사랑, 당신의 사람들에 대한 사랑을 저에게 부어 주옵소서. 그리스도의 이름으로 기도드립니다. 아멘.

하나님의 음성 듣기

하나님은 당신의 남편을 위해 어떤 기도하기를 원할까요?

Chapter 08
원숭이는 지켜본다, 흉내낸다

자녀들이 지켜보고 있다

"엄마, 아빠, 나 임신했어요." 토리는 부모님의 얼굴이 일그러지며 선명하게 드러났을 상처와 실망을 보지 않으려고 두 눈을 감았다. 그녀는 부모의 기대를 저버린 것을 잘 알고 있었다. 엄마의 흐느끼는 소리에 이어 아빠의 고함소리는 거의 동시에 울렸다.

"네가 어떻게 그럴 수가 있느냐? 어떻게 우리를 이토록 망신시킬 수가 있느냔 말이야? 조니가 몹쓸 녀석인 줄 내 알아 보았어. 내 그 녀석 혼쭐을 낼 테니 두고 보거라! 머리가 어질어질하게 빨리 턱시도를 입혀서 결혼식장 중앙 통로를 행진하게 해 줄 테니까. 넌 도대체 무슨 생각을 한 거야? 난 네 엄마가 이런 짓을 못하게 널 교회에 데리고 다닌 줄 알고 있었다!"

토리가 어렸을 때에, 토리와 그녀의 여동생, 엄마는 교회와 주일학교에 꾸준히 다녔었기에 그녀의 아버지는 아직도 그녀의 삶이 말씀에 영향을 받을 것이라고 생각하였다.

"저는 열 살 때 이후로 교회에 가 본 적이 없어요. 제가 기억하는 것은 방주와 무지개와 모세 이야기가 다예요. 그리고 난 그것들이 사실인지조차도 몰라요!"

"네가 어떻게 그렇게 말할 수 있어?" 토리의 엄마는 더욱 크게 흐느끼면서 말했다. "단지 교회에 안 나간다고 해서 믿기를 포기한다는 것은 말이 안 돼잖아."

엄마인, 데비는 교회 출석을 중단함으로써 그녀의 딸들이 주 안에서 확고하게 서지 못하였음을 비로소 절실하게 깨달았다. 데비는 혼자서 교회 나가는 것에 지치고 낙심되어 교회 나가는 것 자체를 포기하고 말았다.

데비는 말했다. "나는 항상 몇 달 후면 다시 시작하리라고 생각했어요. 난 그저 휴식이 필요했을 뿐이었지요. 혼자 나간다는 것이 쉽지 않았어요. 몇 달은 몇 해가 되었고, 나는 그저 아이들이 괜찮으리라고 여겼어요. 나의 믿음은 견고했기 때문에,

그들의 믿음 또한 확실하리라고 믿는 바보짓을 하였고요. 토리의 원치 않은 임신은 진리에 눈을 뜨게 만들었어요.

그러나 곧바로 그렇게 된 것은 아니에요. 처음엔 전체적인 그림을 보기에 너무나 화가 나 있었어요. 토리가 임신 넉 달째에 유산했을 때, 우리 모두에게 치유가 필요함을 알았지요. 난 딸들을 잡아 이끌어 교회로 나갔어요. 동생 로니가 언니의 과오를 반복하는 것을 원치 않았고요."

데비는 한숨을 지으며 말했다. "하나님께서는 그 다음 몇 해 동안 나의 눈을 열어 보게 해 주셨어요. 나의 첫 번째 실수는 선을 행하다가 지쳐 녹초가 된 거예요. 중지한다는 것은 무엇보다도 쉬웠고, 교회에 나가지 않고도 믿는 도리를 다하는 그리스도인 자녀를 양육할 수 있다고 믿었어요. 난 그 일 이후로 아이들이 매주 교회에 나가더라도 반듯하고 경건한 사람들로 양육하기가 쉬운 일이 아니라는 것을 알게 되었어요."

데비는 세상 영향력에 공격당하기 쉽도록 딸들을 방치한 자신의 시행착오를 몹시 후회하였다. 상황이 전혀 달랐으리라는 보장은 없지만, 그들을 교회에 붙잡고 있었더라면 적어도 토리에게 싸울 수 있는 기회를 주었을 것이다. 하나님의 말씀은 마음을 고치고 삶을 변화시키기 때문에, 토리는 주일마다 진리에 부딪히고 영향을 받았을 것이다.

얼마나 많은 가족들이 자녀들의 삶에서 가장 결정적이고 중대한 연령대에 교회를 탈락하고 마는지를 나는 발견하고 깜짝 놀랐다. 교회가 그런 모든 문제를 종결짓는 것은 아니지만, 부도덕한 세상에서 반듯하고 품행이 단정한 자녀를 양육하기 위해 우리가 받을 수 있는 모든 도움을 받을 수 있다는 데비의 의견에 동의한다.

비전을 어느 누구와도 나누지 않는다면 통찰력 깊은 비전의 사람이 된다는 것은 어려운 일이다. 내 마음속 깊은 소원은 자녀들이 주님을 사랑하는 경건한 인격체로 자라는 것이었다. 그 일은 어느 누구에게도 하찮고 사소한 것이 아니며 혼자서 그 일을 하려 할 때, 그 과업의 크기와 규모는 두 배가 된다. 멍에를 달리한 부모로서의 나는 영적으로 외톨이 역할모델인 것이다. 그 역할에 대한 충성됨은 불가피하다. 나의 자녀들을 바라보노라면 책임감이 생긴다. 나의 소명은 매일의 생활에서 하나님의 위상을 높이는 삶을 사는 것이다. 자녀들은 지켜보고 듣고 있으며, 나의 행동은 단순한 표현이 아닌 행동양식으로 그들과 소통하고 전달된다. 이것을 알기에 방향을 바꾸고 싶을 때에도 좁고 바른길로 가도록 나를 다독였다.

나를 진실되게 만든 것은 자녀들이었다. 나는 나에게서 몇 가지 위선적인 것을 발견하였고, 주일 아침의 모습이 월요일에서 토요일까지 유지되기를 기도드렸다. 기도를 통해 하나님께서는 나로 큰 그림을 볼 수 있게 하셨다. 나의 행동이 현재 나에게 무엇을 뜻하는지뿐만 아니라, 그것이 장래 자녀들에게 어떻게

> 내가 선택하는 모든 일에, 하는 모든 말에 감명을 주셔서 그들이 궁극적으로 살게 될 삶에 영향을 끼치는 능력을 주셨다.

영향을 끼칠 것인지를 보게 된 것이다. 나는 잘못할 때도 있었지만, 하나님의 인도하심과 지혜를 위한 끊임없는 기도는 궤도에서 벗어나는 일을 여러 번 막아 주었다.

  사업상의 거래에서 돈을 절약하려고 거짓말을 했던 친구들이 있었다. 여러 해가 지난 지금 성인이 된 그들의 자녀들은 원하는 결과를 얻기 위해서 주저하지 않고 거짓말을 한다. 그 자녀들은 부모들이 행했던 삶의 방식을 받아들인 것이다. 하나님은 그 사실을 내게 각인시키셨다. 그리고 내가 선택하는 모든 일에, 하는 모든 말에 감명을 주셔서 그들이 궁극적으로 살게 될 삶에 영향을 끼치는 능력을 주셨다. '오 사랑하는 아버지시여, 일관되게 충실할 힘을 주소서.'

  레이첼은 다식증 환자이다. 그녀의 어머니 신디는 매일 아침 30분 동안 다양한 운동을 하며 건강에 대해서 열광하는 기독 여성이다. 그러나 레이첼이 엄마에게 받고 있는 메시지는 사이즈와 외형 그리고 지방 섭취를 줄이는 것보다 중요한 것은 없

다는 것이었다. 신디는 영적 성장보다 건강관리 방식에 더 힘을 쏟았다는 것을 인정하였다. 레이첼의 음식과의 싸움과 자신의 이미지와의 투쟁에 대한 책임감을 통절히 느끼면서 신디는 비탄에 잠겼다. "아, 매일 아침 운동기구에서가 아니라 무릎 꿇은 모습을 보여 주었어야 했는데…!"

교회 내에서 자라난다고 반드시 경건한 십대가 되는 것은 아니다

나는 지난 10년 동안 고등부와 대학청년부 여학생들과 함께하는 사역에 헌신하였다. 그리스도인 부모들이 단지 자녀들이 교회 안에서 자라기 때문에 안전할 것이라고 생각하는 것은 커다란 오산이다. 솔직히 나도 그렇게 생각했었다. 그러나 교회 안의 십대들도 교회 밖의 십대들과 동일한 유혹에 직면하고 있다. 술, 성, 거짓, 욕설, 마약, 컴퓨터, 게임 중독, 그밖에 여러 가지 수도 없다. 하나님께서는 아담과 이브를 신뢰하셨는데도 그들은 여전히 금단의 열매로 향했다.

내가 아는 젊은 여성 만디는 대학 1학년 때, 학교 파티에 참석하기 시작하였다. 술을 마시거나 말썽을 일으키지 않으려고 결단한 그녀는 그저 재미있게 어울리고 싶었을 뿐이었다. 금요일 밤 축구 경기 후 파티에서 한 무리의 레즈비언(여성 동성연애자)들이 그녀의 음료수에 약을 슬쩍 집어넣고 치근덕거렸다. 그녀에 대한 부모의 신뢰는 그 비극적인 사건에서 그녀를 구해 내지 못하였다. 그것은 신뢰와 상관없는 것이다. 이미 세상은 우리가 자랐던 세상과 다르다.

그리스도인의 삶이란 예수님과 관계된 삶이다. 교회 출석이 극히 중요함에도 불구하고, 교회 출석과 상관된 것이 아니다. 규범에 관한 것도 아니다. 우리는 자녀들과 함께 기도하고, 그들을 위하여 기도하는 것이 필요하다. 신명기에서 지시한 것과 같이, 그들이 앉고 서고 눕고 길을 걸을 때 그들과 하나님을 나누고 공유하는 것이 필요하다. 잔소리나 설교를 의미하는 것이 아니다. 나는 투명성, 취약성, 정직성에 관해 말하고 있다.

이것에 대해 이토록 내가 절실하게 느끼는 이유는 바로 내가 실패했던 영역이기 때문이다. 나는 아이들과 이야기 나누고 그들을 위해 기도했지만, 완벽하게 사랑하시는 하나님보다는 규범적이고 율법적인 하나님을 더 많이 제시했던 것 같다. 요한복음에 예수님의 다음과 같은 말씀이 있다. "너희가 나를 사랑하면 나의 계명을 지키리라"(요 14:15). 순종하는 것이 그분을 사랑하는 것이라고 생각했다. 이제 나는 내가 그분을 사랑하기 때문에 간절히 순종하고 싶어한다는 것을 깨닫는다. 우리의 자녀들은 예수님과 사랑의 관계를 가질 필요가 있다. 베스 무어(Beth Moore)는 딸들을 위한 기도가 그녀의 첫 번째 기도라고 말한다. 자녀들이 그리스도를 진정으로 사랑한다면, 자녀들의 남은 여생은 보다 순조롭고 평탄할 것이다.

어느 목사님이 "사탄이 당신의 구원을 가로막을 수 없다면, 그의 다음 목표는 당신의 승리를 가로막는 일입니다"라고 하는 말을 들었다. 사탄은 우리의 영생을 파멸시키고 무너뜨릴 수는 없지만, 확실히 우리의 증거를 망쳐 버리려고 애쓴다. 우리의 자녀들이 넘어지면, 믿지 않는 아버지들, 친구들, 친척들을 향한 간증에 엄청난 손상을 당할 것이다. 교회 안에서 자라는 자녀들이 더욱 공격받기 쉬운 이유는 삼킬 자를 찾는 원수가 도사리고 있기 때문이다.

매일의 삶에서 믿음 쌓기

매트는 성가대 단원들과 함께 캘리포니아 여행에서 막 돌아왔고, 우리는 교회에서 집으로 돌아가는 도중에 그가 탄 버스와 마주쳤다. 돌아오는 차 안에서 매트는 이내 말을 걸어 왔다.

"엄마, 하나님은 내가 기독교 대학에 가기를 원하시는 것 같아요." 그는 여행 도중에 방문한 특정 대학교 이름을 언급했다.

나는 졸도하는 줄 알았다. 물론 아이들이 원대한 꿈을 과감하게 꾸기를 바랐다. 뭐니 뭐니 해도 내가 기독교 소설작가가 될 수 있었다면, 자녀들 역시 이룰 수 없는 일이란 아무것도 없었다. 아무것도. 하나님이 함께하시면 말이다. 그러나 우리의 재정상, 내가 로켓 과학자가 되는 것이 보다 실행 가능할 것 같아 보였다.

그러므로 나는 침착하게 말했다. "가능성에 대해서 기도해 보자. 그리고 하나님이 어떻게 하시나 보자꾸나." 솔직히 하나님께서 이 아이를 어떻게 설득시키실는지 몰랐다. 우리에게는 생활비 이외에 여유자금이 없었고 부유한 친척도 없었으며 특히 캘리포니아에 있는 기독교 대학은 학비가 여간 많이 드는 게 아니었다.

매트와 나는 그 문제를 놓고 기도하였으며, 우리 둘 모두에게 그것이 매트를 위한 하나님의 뜻이라는 것이 더욱 확실해져 갔다. 고등학교 최고 학년이 되자 딘과 그 문제를 놓고 의논하였고, 하나님께서 딘에게 관대한 마음을 가지게 축복하셨다. 그 일을 어떻게 감당할지 방

> 하나님은 길을 열어 주시지 않으면서 무언가를 하라고 부탁하시지 않는다.

법이 없었음에도 불구하고, 딘은 흔쾌히 그렇게 해 보자고 하였다. 우리는 기도의 날개 위에 아들을 대학으로 날려 보냈다.

하나님께서는 길을 열어 주시지 않으면서 무언가를 하라고 부탁하시지 않는다. 그분은 나와 딘의 마음을 변화시키셨을 뿐만 아니라 학비 역시 마련해 주셨다. 우리는 한 번도 빠짐없이 매달 대학 납입금을 마련할 수 있었다! 하나님께는 불가능이란 없다.

그리스도가 우리 자녀들에게 실재하는 분이 되게 하는 한 가지 방법은 그들로 담대한 꿈을 품게 하는 것이다. 우리 부모들이야말로 용솟음쳐 오르는 자녀들의 믿음을 가로막는다. 하나님께 대담히 나아가라고 가르치하면서도 하나님께서 우리의 기대에 어긋나게 하시기라도 하면 어쩌나 하고 두려워하는 모습이 때로는 발견된다.

매트를 위해 기도하는 것이 매트 자신보다 내가 더 긴장될 때가 있었다.

"엄마, 책가방이 없어졌어요!" 그는 거의 울상이 되어 차에서 기다리는 내게 다가와 두려워하는 눈으로 말하였다.

나는 뛰쳐나와 그와 함께 연습을 마친 야구장으로 서둘러 되돌아갔다. "가방을 어디에 두었었지?" 나는 풀밭 주위를 둘러보며 물었다.

"바로 야구장 이 구석 자리에 다른 애들 것과 같이 놓아두었어요." 그의 갈색 눈은 불안으로 가득 찼다. "학생 자치회를 위해 내가 판매해야 하는 10권의 서적 구입권이 가방에 들어 있어요."

"이런, 매트야!" 난 울고 싶었다.

"그 값을 내가 지불해야 해요." 대단한 부자도 아닌데, 그 지출은 매트의 예금통장을 적자 낼 게 뻔했다.

"기도하자. 네 책가방 안의 모든 것 그대로를 돌려받게 도와주시라고 하나님께 기도드리자." 나는 열성적이고 희망적으로 들리도록 애썼지만 어느 쪽도 나의 진심은 아니었다. '글쎄, 제리야, 이건 아마도 돼지새끼가 발레를 배우는 게 더 있을 법하지. 도둑질할 만큼 부정직한 중학생이 값비싼 서적 구입권들을 팔아서 돈을 챙겨 넣을 수 있는데 그것을 돌려주겠어?'

나는 몹시 믿고 싶었지만, 하나님께서 이 기도까지 들어주실런지는 미처 기대하지 못했다. 매트와 나는 운전하여 집으로 돌아오면서 기도하였고, 그의 청소년 담당 목사님께 기도를 부탁했다. 내가 신뢰하는 기도 친구 캐시와 밸에게 전화를 하였다. 무엇보다도 우리와 함께 그리고 우리를 위해 많은 기도가 드려졌다.

다음 날 아침, 매트의 책가방은 속에 든 내용물 그대로 하나도 빠짐없이 되돌아왔다! 나의 연약하고 지극히 적은 믿음에도 불구하고, 하나님은 기적을 행하셨다.

우리 자녀들이 자라기 위해서는, 우리가 자라야 한다. 학생은 선생이 나아간 만큼 나아갈 수 있다는 말을 기억하는가? 자녀들이 그리스도와 닮기를 원한다면, 나 자신이 그리스도 닮기를 추구하고 노력하여야 한다. 나는 그들의 유일한 본보기이다. 나는 바울의 모습 그대로를 되풀이하여 흉내내고 싶다. "내가 그리스도를 본받는 자 된 것같이 너희는 나를 본받는 자 되라" (고전 11:1). 원숭이는 지켜본다. 그리고 흉내낸다. 나의 원숭이들이 나에게서 충실한 본보기를 발견하게 되기를 소망한다.

영적인 사례들

사도행전에서 누가는 디모데의 어머니가 "믿는 유대 여자요 부친은 헬라인이라"(행 16:1)고 증거한다. 이 자료로 보아 대부분의 성경학자들은 디모데가 멍에를 달리한 가정에서 양육받았다는 것에 동의한다. 바울은 디모데후서에서 그에 대한 보다 많은 정보를 제시한다. "이는 네 속에 거짓이 없는 믿음을 생각함이라 이 믿음은 먼저 네 외조모 로이스와 네 어머니 유니게

속에 있더니 네 속에도 있는 줄을 확신하노라"(딤후 1:5).

외할머니와 어머니는 디모데에게 믿음을 전수하였다. 이 사실이야말로 나에게 희망을 준다! 나는 이들 두 여성이 작은 소년에게 자신들을 쏟아 부으며, 밤이면 침상에 그를 앉히고 그와 함께 기도하고 성경 이야기를 나누는 장면을 마음속에 그려 본다.

그 일은 때때로 나를 압도하지만, 이 두 부인은 경건한 사람을 양육하는 데 성공하였다. 하나님께서 당신과 나와 같은 여성들이 희망을 붙잡을 수 있도록 이 말씀을 계시하셨다고 믿는다. 많은 것을 말씀하시지는 않았지만 움찔하게 만드는 이 일을 홀로 수행한다 할지라도, 경건한 자손을 양육하는 것이 가능하다는 것을 확신시키기에 충분하다.

하나님께서는 명예롭지 못한 아들들을 가진 사사요 대제사장이었던 또 한 사람의 본보기를 우리에게 보여 주신다. 지극히 높으신 하나님의 종이었던 엘리는 하나님을 사랑하고 존중하는 자녀들을 양육하는 데 실패하였다. "엘리의 아들들은 불량자라 여호와를 알지 아니하더라"(삼상 2:12).

그런데 그것은 가장 큰 문제가 아니었다. 더 큰 문제는 엘리가 그들의 행실을 알고도 못 본 체했다는 것이다. 그 상황을 안타까이 여기신 하나님께서, "어찌하여 네 아들들을 나보다 더

중히 여기느냐"(29절)고 물으셨다. 후에 여호와께서는 사무엘에게 "내가 그[엘리의] 집을 영영토록 심판하겠다고 그[엘리]에게 이른 것은 그의 아는 죄악을 인함이니 이는 그가 자기 아들들이 저주를 자청하되 금하지 아니하였음이니라"(3:13)고 말씀하셨다. 하나님께서는 엘리의 집에서 그분의 복을 거두어 가셨다.

1980년대 초에 경건한 여인들에 대한 성경공부를 했었다. 얼마 전 그 자료에서 어머니로서 돌봄에 관한 장을 넘겨 가며 훑어보았다. "자녀들이 어떤 점에서 당신에게 영적인 축복이었는가?"라는 질문이 눈에 들어왔다. 오랜 세월이 지난 후에도 대답은 여전히 동일하다. "그들이 아니었으면 포기하고 말았을 일을 나는 그들을 위하여 일관성 있게 지탱해 나아갔다."

'매트야, 캘시야, 아담아, 계속 경주하도록 나를 파수해 주어서 고맙다.' 우리 자녀들의 나이가 몇이든 상관없이, 자녀들은 충성된 우리의 모습을 발견해야 한다.

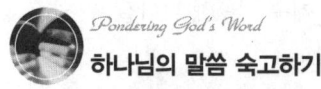
하나님의 말씀 숙고하기

- "너희는 내게 배우고 받고 듣고 본 바를 행하라 그리하면 평강의 하나님이 너희와 함께 계시리라"(빌 4:9).
- "이 아이를 위하여 내가 기도하였더니 여호와께서 나의 구하여 기도한 바를 허락하신지라 그러므로 나도 그를 여호와께 드리되 그의 평생을 여호와께 드리나이다"(삼상 1:27-28).
- "마땅히 행할 길을 아이에게 가르치라 그리하면 늙어도 그것을 떠나지 아니하리라"(잠 22:6).
- "자식은 여호와의 주신 기업이요 태의 열매는 그의 상급이로다"(시 127:3).
- "네 자식을 징계하라 그리하면 그가 너를 평안하게 하겠고 또 네 마음에 기쁨을 주리라"(잠 29:17).

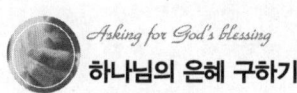
하나님의 은혜 구하기

아바 아버지시여,

경건한 자손을 양육하는 비결을 내 마음속에 계시해 주소서. 저는 엘리가 아닌, 유니게와 로이스가 되기를 간절히 소원합니다. 나의 믿음을 타인들에게 전수하는 법을 가르쳐 주소서. 경건의 시간, 교회 출석, 증거생활 등 중요한 일들을 열심히 공들여 지속하게 도우소서. 제가 지칠 때, 일관성을 가지고 계속 지탱해 나아갈 수 있는 힘을 주셔서 축복의 열매를 거두게 하소서.

또한 저의 삶이 진실하여, 누가 보든지 안 보든지 여전히 동일한 사람이 되기를 소원하고 기도합니다. 저의 자녀들이 내 안에서 확실한 기독교, 진정한 기독교를 보게 하시고 당신을 향한 변치 않는 사랑을 관찰하고 확인하게 하소서. 당신이 저의 첫 번째 우선순위가 되심을 보게 하시고, 저의 행실이 묘사하고 표현하는 그림이 진실임을 입증하게 하소서. 제게는 당신의 지혜와 당신의 힘과 당신의 인도하심이 절실히 필요합니다. 당신이 길을 인도하시지 않아도 제가 설 수 있다고 생각할 만큼 저는 어리석지 않습니다.

저의 자녀들이 온 몸과 마음과 정성과 힘을 다해 당신을 사랑하게 도우소서. 그들 각 사람이 하나님의 마음과 그리스도의 마음을 본받게 하시며, 성령님의 권위에 복종하는 의지를 주옵소서. 강하신 예수님의 이름으로 기도드립니다. 아멘.

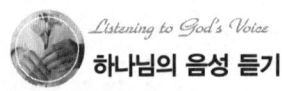
하나님의 음성 듣기

하나님께서 자녀들을 위해 무엇을 원하시는지를 구해 보자. 각 자녀의 이름과 기도 요청을 아래에 기록해 보자.

Chapter 09
빈자리

외로움과의 싸움

　나는 차에 오르며 애써 지은 미소로 슬픔을 감추면서 손을 흔들었다. 그리고 목에 걸린 응어리를 녹이려고 침을 삼키면서, "안녕, 여보" 하고 차창 밖으로 큰 소리로 외쳤다. 나는 차고에서 집 앞 도로로 차를 빼면서 백미러를 통해 남편이 차츰 작아지는 모습을 지켜보았다. 그 광경은 가슴속에 느낀 것을 정확히 묘사한 그림이다. 우리의 결혼생활은 작아지고 우리 사이의 간격은 멀어져만 갔다. 나는 가장 중요한 사람인 남편과 함께 가장 중요한 예수님을 나누고 싶었다.

또 다시 혼자 교회로 향하는 것이다. 한 주간의 일들 가운데 홀로 교회에 가는 것이 가장 힘든 일이다. 아이들이 어리고 집에서 함께 있을 때보다 지금 이 시점이 더 그러하다. 아이들은 내가 교회로 가야 할 이유와 자리를 지켜야 할 책임감을 주었다. 그러나 이제 나는 집에 머물고 싶은 핑계를 찾고 있다.

항상 예배가 시작됐을 때 도착하였다. 그렇게 함으로써, 사실 속으로는 잘 지낸다고 느끼지 않으면서, 모든 사람들에게 행복한 미소를 지으며 "네, 잘 지내요"라고 거짓말 하지 않아도 되기 때문이었다. 나의 속마음은 몹시 슬펐다. 멍에를 달리한 이 삶이란 그야말로 외롭고 고난에 찬 여행이다. 20년 동안의 믿음생활을 홀로 걸어온 이후, 삶의 커다란 토막이 남편의 삶과 분리되어 놓여 있었다. 유감스럽게도, 딘은 나의 그리스도인 친구들을 거의 알지 못하였다.

영적인 싱글은 다루기 힘든 까다로운 역할이다. 모든 교회에는 결혼했지만 홀로 신앙생활을 하는 사람들이 포함되어 있다. 그들의 배우자들은 그리스도께 헌신하지 못했거나 아니면 믿지 않는 사람들이다. 나의 경우, 내가 때때로 느낀 만큼 혼자가 아니었음에도 불구하고 이 길은 고독한 행로였으며, 이에 따른 방책을 강구함으로써 평안하게 걸을 수 있는 법을 배웠다.

나의 한계를 앎

나는 불평하게 하고 침울하게 만드는 장년 주일학교 기혼자 그룹 학습활동을 피한다. 그것은 슬픔을 그리고 혼자라는 느낌을 철저하게 느끼게 하는 확대경과도 같다. 나는 슬픈 영화도 멀리한다. 그것은 여러 날 동안 의기소침하게 만들기 때문이다. 삶 자체만으로도 충분히 슬프다고 여겨지는데 왜 스스로를 고문하겠는가? 바꾸어 말하면, 나는 나 자신의 한계를 알기에 불필요한 투쟁을 자청하지 않았다.

캐시 역시 홀로 신앙생활을 하면서도, 항상 기혼자 그룹 학습활동을 즐겼다. 나는 그녀를 폴리애나(Pollyanna, 미국 소설의 극단적인 낙천주의 여주인공의 이름)라고 힐난하며, 놀리곤 하였다. 부부를 위한 행사에 출석하는 것만으로는 기세가 꺾이지 않았던 것이다. 그러나 나에게는 마취하지 않고 수술받는 것보다 더 큰 아픔이었다. 그리하여 안전하게 여성사역 쪽으로 방향을 돌렸다. 모두 여성들만 있기 때문에 문제될 게 없었다.

자녀들이 자라 가정을 떠났기 때문에 가족 모임도 되도록 피한다. 그것들도 역시 나의 둥지가 비어 있고 하나님과 나 홀로 걸어간다는 사실을 상기시킬 뿐이다. 나는 지금 작은 교회에 출석하고 있으며 그곳에서 남편이나 자녀와 함께 예배드리지 않는 유일한 사람이다. 나의 좌석은 나 외에는 완전히 비어 있고, 빈 둥지를 받아들이는 것이 평생에 힘겨운 적응이었기 때문에 스스로를 괴롭히는 일은 더욱 피한다.

내가 함께 어울리고 일체감을 이루기 위해서는 봉사에 참여할 필요가 있었다. 나는 주일학교 유치부 어린이들을 가르치기 시작하였다. 그 일을 시작으로 성인 여성들과 고등부 여학생들, 대학부·청년부 여학생들을 가르쳤다. 이것이 교회에서의 주된 활동 분야이며, 여러분 또한 적합한 활동 영역을 찾기를 바란다. 봉사와 남을 돕는 일은 주일예배와 더불어 교회 출석의 또 하나의 이유가 되며, 소속된 자리와 중요한 목적의식을 부여해 준다.

모든 교회에는 아직 채워져야 할 직책과 자리가 있으며 수많은 도움의 손길이 필요하다. 당신을 어디로 보내시려는지 하나님께 구하라. 어느 교회든지 통상적으로 20%의 교인들이 80%의 일을 한다고 한다. 영유아부, 성가대, 병원 방문 등등 그 목록은 한이 없다. 가능성들을 연구해 보라. 하나님께서 당신의 은사를 통해 무언가 새로운 일을 시작하기 원하실지 모른다.

고통과 환희

"오늘은 당신과 함께 교회 갔으면 해." 어느 주일 아침 테드는 문 밖으로 막 나가려던 크리스타에게 말했다.

그녀의 온 몸이 움찔했다. "아무렴요, 물론이죠." 그녀는 무슨 일이 벌어졌는지 의아해하며 그를 힐긋 쳐다보며 말했다. "와이셔츠 갈아입고 곧장 나올게."

그녀의 내부에서는 기쁨과 두려움이 교차하였다. 테드가 교회에 출석할 때마다 그녀의 마음은 희망으로 솟구쳤다. '오늘이 예수님을 그의 삶에 모셔 들이는 날이 될까? 이날이 교회에서 매주 함께 예배드리는 첫 번째 주가 될까? 누군가 그에게 말을 걸어 줄까? 설교는 그의 마음에 들까? 음악은 좋아할까? 지금까지의 경험은 기껏해야 달콤 씁쓸한 것이었다.

크리스타는 운전하는 도중에 속으로 간절히 기도하면서 땀에 젖은 손바닥을 면스커트에 비벼 닦았다. '하나님, 그가 편안하게 느끼게끔 도와주세요. 남자들이 와서 악수를 나누면서 그를 환영하게 해 주세요. 목사님의 메시지를 통해 진리로 그의 마음을 꿰뚫어 주세요. 그의 눈을 열어 당신의 필요성을 보게 해 주세요.' 교회 문을 향하면서도 그녀의 소리 없는 부단한 간청은 계속되었다.

"어디 앉을까요?" 그녀는 속삭였다. 평상시에는 앞에서 다섯째 칸 이내에 앉았지만, 앞쪽으로 가려고 해 봐야 소용없는 일임을 아는 터였다. 분명 그는 안 된다고 잘라 말할 것이다.

테드는 마지막 좌석을 가리켰다. 크리스타는 고개를 끄덕이며 맨 갓 줄에 그가 앉도록 자리를 남겨 두고 안쪽으로 들어갔다. 그녀는 꼭 쥔 두 손을 모아 무릎 위에 올렸다. 찬양 팀이 강단 앞으로 나아갔을 때 긴장은 더욱 고조되었다.

"나는 모든 것을 꼼꼼히 관찰하고 조사해서 병이 날 지경이었어요." 나중에 크리스타는 고백했다. "목사님이 언급하는 말마다 테드가 어떻게 해석하고 받아들일지 궁금했어요. 나는 신경이 쓰여 두통이 나고, 위장이 아파 왔어요. 그가 그냥 집에 머문다면 차라리 마음 편하겠다는 생각까지 들었지요. 그와 함께하느라 요동치는 감정에 완전히 지쳤어요.

나는 목사님이 그것보다는 이것을 말씀해 주셨다면 좋았을 것을, 앞에 앉은 남자가 우리에게 좀 더 친절히 해 주었다면 좋았을 텐데, 헌금을 위해 기도한 분이 십일조에 대한 미니 설교를 안 했으면 좋았을 것 등등을 생각했어요. 테드가 교회와 돈 문제에 대해서 어떻게 느끼는지 잘 알고 있었거든요."

> 나의 배우자의 교회 출석과 구원은 하나님의 사역이지, 나의 것이 아니다.

크리스타는 호흡을 가다듬고 계속해서 말했다. "어쨌든, 어느 날 나는 진실과 마주쳤어요. 하나님을 신뢰하고 있지 않았던 것이에요! 나는 그 계시 앞에 깜짝 놀라 눈물이 났어요. 긴장을 풀고, 상세한 것들에 대해서는 염려하지 않아야 했어요. 하나님은 주권자이시고, 구체적인 것들까지 처리하시기에 충분히 크고 위대하신 분이었어요. 그 개념은 자유를 가져다주었지요. 행해지고 말해지는 모든 것들을 하나님께서 맡아 주관해 주시기를 아직도 기도드리지만, 지금은 예배를 그저 즐기고 누려요. 그 외의 나머지 것들은 하나님께서 처리하시고 책임지고 주관해 주실 것을 믿기 때문이지요."

나는 크리스타가 처한 삶의 범위 중 정반대의 끝자락에 살고 있었다. 초창기에는 딘을 자주 교회로 초청하였다. 그가 그냥 갈 때면 나는 괴로워하고 속상해했기 때문에 초청한 것을 후회하곤 하였다. 그가 안 가겠다고 말하면 실망과 슬픔으로 거의 죽고 싶을 지경이었다. 이래도 저래도, 마음이 아팠기 때문에 결국 나는 언급 자체를 포기했다.

그리고 새로운 방책을 선택하였다. 하나님께서 달리 지시하시지 않는 이상 아이들이 참여하는 특별한 행사와 프로그램에만 그를 초청하였다. 압력을 가하거나 기대하지 않고 초청하고는, 정중하게 남편의 대답을 받아들이도록 기도하면서 주님의 때를 신뢰하였다. 배우자의 교회 출석과 구원은 하나님의 사역이지 나의 사역이 아니다.

하나님을 이해할 수 없을 때

막내아들 아담이 고등학교 3학년 때, 하나님께서 내 마음을 잡아당기시는 것을 느꼈다. 그분은 내가 다른 교회에 가기를 원하셨다! 그런데 나는 안정감을 좋아하는 여성이다. 아담이 태어나기 전부터 같은 집에 여태까지 살고 있다. 우리는 아담이 다섯 살 때 산 차를 아직도 사용하고 있다. 변화가 손쉽지 않았을 것을 이해할 것이다. 그런데 하나님께서는 함께 믿음생활을 할 새로운 공동체를 찾는데 나의 협력을 원하셨다.

그 시절은 슬픔과 눈물, 혼란의 연속이었다. 내가 성인이 되어 알게 된 유일한 교회요, 자녀들이 자라난 곳이며, 세 아이 모두 그리스도와의 여정을 시작한 하나뿐인 고향 교회를 뒤로해야 하였다. 나는 여기서 근무하였고 직원들과 호칭 없이 서로 이름을 부르는 친한 사이였다. 가장 힘든 것은 내가 좋아하고 열매를 맺어 왔던 여성 사역 프로그램을 사임하는 일이었다.

하나님께서 막내를 먼 대학으로 보내야 하는 힘겨운 이때에 모든 것이 편안하고 익숙하며 잘 돌아가는 이곳에서 왜 나를 떼어 내시는지 이해할 수 없었다. 하나님이 원하시는 곳을 찾으러 다른 교회를 방문했을 때, 그분의 뜻은 대가족들로 가득 채워진 작은 교회라는 것을 감지하였다. 여기저기 구석에는 아이들로 가득하였다. 하나님, '왜 여긴가요?' 내가 혼자라는 것이 한층 더 강렬하게 느껴지는 곳이었다.

나는 줄곧 항의하고 소리치면서, 그 작은 그리스도의 공동체로 합류하고 순종하였다. 나중에 깨닫게 된 것은 적어도 두 가지 이유로 나를 이동시키셨다는 것이다. 솔직히 말해서 그 당시에는 납득할 수 없었다. 지금에 와서는 그분의 뜻을 완전히 이해한다.

첫 번째 이유는 딘을 위해서였다. 새 목사님 샘은 매주일 부츠를 착용하는 카우보이 출신이었다. 그 부츠는 남편을 편안하게 해 주었다. 샘 목사님은 남편을 위해 기도하였고 많은 기회를 통해 그를 구하려고 애썼다. 이전 교회에서는 17년 동안에 단 두 남자만 남편에게 친교와 환영의 손길을 뻗었었다.

두 번째 이유는 나를 위한 것이었다. 그 교회의 책임과 임무에 내가 필요함을 하나님은 알고 계셨다. 이전에 언급한 바와 같이, 완전히 혼자서만 나가는 것이 내게는 대단히 큰 싸움이었다. 내가 나타나지 않으면, 월요일 아침에 들러 "별일 없으세요? 못 뵈었는데 어디 갔었나요?" 하고 알아차릴 사람들이 필요했다. 그러므로 무모한 것만 같던 하나님의 아이디어는 결국 가장 적합한 것이었다. 그분은 내가 나를 아는 것보다 나를 더 잘 아신다.

영적 여정에서 홀로 된 여성들은 각 사람을 위해 효과적인 것이 무엇인지 기도 중에 찾는 것이 필요하다. 교회 안에서 당신이 있어야 할 편안한 위치를 찾고 남편의 교회 참여를 하나님께 의탁하며 상세한 것들에 대해서는 괴로워하지 말라.

> 교회 안에서 당신이 있어야 할 편안한 위치를 찾고 남편의 교회 참여를 하나님께 의탁하며 상세한 것들에 대해서는 괴로워하지 말라.

마지막으로, 하나님의 인도하심이 당시에는 납득이 가지 않을지라도 그분을 신뢰하라. 진정 그분은 최선의 것을 알고 계신다.

영적인 사례들

이제 외로움과 관련된 성경의 두 사람을 살펴보려고 한다. 첫 번째, 요한은 자신에 대해 "예수께서 사랑하는 제자"(요 13:23, 21:7, 20)라고 언급한 인물이다. 세베대의 아들이요, 야고보의 형제며, 직업이 어부인 그는 베드로와 그의 형제 야고보와 함께 그리스도의 가장 친한 친구였으며 담대한 사람이었다. 예수님께서 돌아가실 때 어머니 마리아를 위탁한 사람도 요한이었다.

이처럼 요한은 예수님의 생애에 열두 제자의 한 사람으로서 아름다운 친교의 풍요로움을 알고 있었고, 그리스도의 죽음 이후 사도의 한 사람으로서 열정적으로 지칠 줄 모르고 복음을 전파하였다. 사도행전에는 사마리아로 향한 선교여행에서 베드로와 합류하여 다른 신자들과 함께 기도하는 그의 모습을 볼 수 있다. 갈라디아에서는 기둥과 같은 존재로 소개되었다.

그런데 그런 그가 말년에 유배지에서 많은 시간을 홀로 보내야 했다. "나 요한은 너희 형제요 예수의 환난과 나라와 참음에 동참하는 자라 하나님의 말씀과 예수의 증거를 인하여 밧모라 하는 섬에 있었더니"(계 1:9). 요한은 언뜻 보기에 믿음을 전파하기 위해 그곳에 파송된 것처럼 보이지만 사실 고립된 섬에서 계시록을 기록하였다.

내가 무척 감동을 받은 이유는 나와는 판이하게도, 요한은 악조건으로부터 최선의 것을 만들어 냈기 때문이다. 그는 의심하거나 불평하거나 자기 연민에 빠지지 않았다. 의연히 하나님의 발 앞에서 그분의 계시를 받으며 본 것을 기록하고, 기록한 두루마리를 에베소, 서머나, 버가모, 두아디라, 사데, 빌라델비아, 라오디게아 등 일곱 교회에 보내면서 외로움을 지혜로 채워 나갔다.

한편 솔로몬은 삶의 외롭고 공허함을 하나님 이외의 것으로 채우려고 노력하였다. 그는 다윗과 밧세바의 두 번째 아들이었다. 영적으로 충실한 다윗의 생애가 솔로몬에게 훌륭한 모본을 보였음에도, 그는 시기와 다툼이 뚜렷하게 일어났던 일부다처제의 집안에서 성장하였다.

솔로몬은 나라를 잘 통치하기 시작하였지만 그의 어리석은 첫 번째 오류는 이방 왕의 딸을 아내로 택한 것이었다. 그 같은 선택은 도덕적 쇠퇴의 발단이 되었다. 그 이후 하나님께서 환상 중에 나타나 원하는 것을 구하라고 말씀하셨다. 자신의 연약함과 무지함을 인정하고 분별하는 마음을 구하였다. 솔로몬의 지혜로운 선택에 흡족하신 하나님께서 그의 요청을 들어주셨을 뿐 아니라 가장 지혜로운 사람이 되며 거대한 부와 명예까지 약속하셨다.

솔로몬은 부와 명성이 높아지자 호화로운 생활을 탐하였다. 향락이 몸에 베이고 터무니없이 속된 생활을 유희했다. 이방 여자들과 결혼하면서 과도하게 세속적이 되어 갔다. 그의 많은 이방 아내들은 그로 우상을 묵인하고 숭배하도록 영향을 끼쳤고, 그는 결국 이스라엘 백성을 억압하기에 이르렀다.

그는 최고의 지혜자였음에도 불구하고 공허함을 보다 많은 여자들, 보다 많은 호색, 보다 많은 물질적 소유로 채우려 했다. 그리고 그 선택이 얼마나 악한지를 입증하였다. 어떤 성경학자에 따르면, "솔로몬의 잠언에 나오는 어리석은 자의 기술이 자기 자신의 실패에 대한 생생한 묘사"라고 한다. 우리 각 사람의 삶에는 오직 하나님만이 채울 수 있는 공허가 있다. 솔로몬은 헛된 것을 깨닫고 나서 그 공허를 하나님께서 채우시도록 허용하지 않았기 때문에 다른 것을 얻으면 얻을수록 더욱 공허해져만 갔다.

대부분의 사람들이 전도서의 저자가 솔로몬인 것을 인정한다. 그의 기록을 살펴보자. "전도자가 가로되 헛되고 헛되며 헛되고 헛되니 모든 것이 헛되도다"(전 1:2). "은을 사랑하는 자는 은으로 만족함이 없고 풍부를 사랑하는 자는 소득으로 만족함이 없나니 이것도 헛되도다"(5:10). 이 사람은 그 모든 것을 가졌음에도 아무것에서도 만족하지 못하였다.

그는 철학적 묵상을 다음 핵심 성구로 끝맺음하였다. "일의 결국을 다 들었으니 하나님을 경외하고 그 명령을 지킬지어다 이것이 사람의 본분이니라"(12:13). 자신이 이처럼 현명하고 훌륭한 충고를 끝까지 지켰더라면 그의 삶은 어떻게 달라졌을까?

당신의 삶이 사람들로 둘러싸이든지 고립되어 외로운 시간을 보내든지 간에, 당신의 공허를 하나님만으로 가득 채우기를 선택하라. 나는 이 두 가지 모두, 곧 세상 것으로 해결책을 추구하기도 하고, 하나님이 전부가 되게도 해 보았다. 오로지 그분 안에서만, 빈자리에도 불구하고 참 평안과 만족과 기쁨이 있었다.

하나님의 말씀 묵상하기

- "서로 돌아보아 사랑과 선행을 격려하며 모이기를 폐하는 어떤 사람들의 습관과 같이 하지 말고 오직 권하여 그날이 가까움을 볼수록 더욱 그리하자"(히 10:24-25).
- "너희를 향한 나의 생각은 내가 아나니 재앙이 아니라 곧 평안이요 너희 장래에 소망을 주려 하는 생각이라"(렘 29:11).
- "그가 친히 말씀하시기를 내가 과연 너희를 버리지 아니하고 과연 너희를 떠나지 아니하리라 하셨느니라"(히 13:5).
- "보라 너희가 다 각각 제 곳으로 흩어지고 나를 혼자 둘 때가 오나니 벌써 왔도다 그러나 내가 혼자 있는 것이 아니라 아버지께서 나와 함께 계시느니라"(요 16:32).
- "여호와여 나를 버리지 마소서 나의 하나님이여 나를 멀리하지 마소서"(시 38:21).

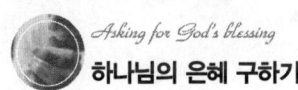
하나님의 은혜 구하기

사랑하는 아버지시여,

멍에를 같이하지 못한 관계에서 당연히 발생되는 외롭고 고독한 때에도 저와 함께 하옵소서. 저의 한계를 인식하고 저의 성장을 촉진시키며 넘어짐을 방지할 유익한 활동을 지혜롭게 선택할 슬기를 주옵소서. 그리고 하나님, 신자들의 공동체 내의 어느 곳에서 제가 봉사하기를 원하시는지 알게 해 주소서.

저의 남편이 교회에 출석할 경우, 하나님께서 그를 맡아 책임져 주옵소서. 당신이 그와 함께 계심을 의식하고 제가 쉼을 갖게 지도해 주소서. 그에게 들려 줄 말씀이 들리도록 그의 귀를 열어 주옵소서. 아버지, 남자들로 그에게 전도하게 하시고, 저에게 당신의 평강으로 흘러넘치게 하셔서 당신 안에 안식하게 하옵소서.

저는 당신이 인도하시는 대로 따르기를 열망합니다. 그러므로 두려움이나 이해의 결핍이 저를 무력하게 만들지 못하게 하소서. 당신은 전적으로 신뢰할 수 있는 분이심을 알기에, 주님만 홀로 신뢰하게 하소서. 저를 위한 당신의 계획은 당시에는 선하게 보이지 않을지라도 저의 최선을 위함입니다. 결단코 저를 떠나지 않으시리라 약속하신, 지극히 소중하고 지극히 신실하신 동반자 되시는 주님께 한없이 감사드립니다. 주님을 사랑합니다. 주 예수님의 거룩하신 이름으로 기도드립니다. 아멘.

외로운 시간에 관하여 아버지께서 무어라 말씀하시는지 들어 보자.

Chapter 10
교만과 편견

독선적인 태도와의 싸움

나는 약 3년 전 베스 무어 성경공부를 시작하였다. 「여인의 마음: 하나님의 거하시는 곳」(*A Woman's Heart; God's Dwelling Place*)이라는 책은 하나님의 말씀에 파고들어 탐구하게 만들었고, 하나님은 나의 마음을 파헤치셨다. 그것은 항상 즐거운 것만은 아니었으며 자주 고통스러웠지만 그 결과는 언제나 삶을 변화시켰다.

약 절반쯤 공부했을 때, 하나님께서는 내 눈에서 베일을 벗기셨고, 결코 예전에 보지 못했던 것을 보게 하셨다. 나에게는 딘을 향한 오만하고 건방진 태도가 있었던 것이다. 깨끗이 청소한 유리창처럼 투명한 진실 앞에서 나는 비탄에 잠겼다. 3년이 지난 지금에도 나의 독선을 생각하면 두 눈에 눈물이 고이고 가슴이 멎는 것만 같다.

하나님께서 그와 같은 방법으로 죄를 들추어 폭로하신 것은 전무후무한 일이었다. 그 이전까지는 한 번도 그것에 대해 어렴풋한 양심의 가책도 없었다. 사실, 사람들은 자주 나의 겸손을 언급하곤 했었다. 내게는 결점이 많았지만 교만만큼은 나의 것이 아닌 것 같았다. 그러나 장님이었다!

나는 침대 위에서 큐티를 하던 그 시간을 기억한다. 하나님께서 우월감을 가지고 자만스럽게 딘을 내려다보는 총천연색 영상의 수치스런 나의 모습을 들춰 보여주셨을 때, 내가 할 수 있는 일이라곤 우는 것뿐이었다. 하나님 앞에 무너져 무릎을 꿇고 그분께 부끄러움을 쏟아 놓았다. 어떻게 내 눈에 있는 커다란 들보를 보지 못하였을까? 어떻게 생색을 내는 이 같은 태도를 수년 동안 해 오면서 시간을 보내는데 전혀 알아차리지 못했을까?

나는 나 스스로에 대해 그토록 부끄럽고 실망스러웠던 적이 없었다. 내가 바보짓을 했음을 고백하고 변화시켜 주시기를 구하고 넘어갈 간단한 문제가 아니었다. 나는 여러 달 동안 창자가 뒤틀리는 슬픔과 비탄에 빠져 애통하였다. 여러 날 동안 그것 때문에 눈물을 흘렸다.

이 순간까지도 이 죄가 왜 다른 모든 죄보다 그처럼 심오하고 의미심장하게 다른지 확실히 모르겠지만, 하나님께서는 심히 불쾌하심을 내 심령 깊숙이 느끼게 하셨다. 그분이 교만을 미워하시는 것을 안다. "여호와의 미워하시는 것 곧 그 마음에 싫어하시는 것이 육칠 가지니 곧 교만한 눈과 거짓된 혀와 무죄한 자의 피를 흘리는 손과 악한 계교를 꾀하는 마음과 빨리 악으로 달려가는 발과 거짓을 말하는 망령된 증인과 및 형제 사이를 이간하는 자니라"(잠 6:16-19).

> 나의 죄악된 태도가 그를 실족케 하고 예수님이 내미신 두 팔을 가로막고 있지는 않았는지 마음이 아팠다.

또 다른 이유는 딘이었다. 나의 죄악된 태도가 그를 실족케 하고 예수님이 내미신 두 팔을 가로막고 있지는 않았는지 마음이 아팠다. 자기중심주의와 자기본위로 말미암아 유발시켰을지도 모르는 손해와 대가를 생각하면 지금도 견딜 수 없다.

일기장에 "진정한 겸손은 매일의 삶에서 나 외에 다른 사람들을 더 우선하고 배려하며 나보다 낫게 생각하는 태도에서 나온다"라고 썼다. 바울이 말한 것이 그것이 아니었던가? "너희 안에 이 마음을 품으라 곧 그리스도 예수의 마음이니 그는 근본 하나님의 본체시나 하나님과 동등됨을 취할 것으로 여기지 아니하시고 오히려 자기를 비어 종의 형체를 가져 사람들과 같이 되었고 사람의 모양으로 나타나셨으매 자기를 낮추시고 죽기까지 복종하셨으니 곧 십자가에 죽으심이라"(빌 2:5-8).

겸손은 얼마나 나 자신을 높게 생각하느냐에 달린 것이라고 생각했었다. 어떤 점에서 그것은 사실이다. 왜냐하면 자신을 다른 사람보다 더 낫게 여기기 때문에 겸손하지 못하고 교만하기 때문이다. 진정한 겸손은 다른 사람들을 향한 대우와 그들을 대하는 태도에서 드러난다. 이것은 나에게 있어서 특별한 교훈이었다. 독선주의는 그것이 존재한다는 것조차 알아차리지 못하게 하고, 슬며시 들어와 우리 삶의 발판을 움켜잡는다.

말과 행동과 신체 언어(Body language)

"글쎄, 나는 남편을 좋아하지 않는데도, 그는 아무것도 모르는 거야." 그라시는 교회 점심시간에 그녀의 옆자리에 앉은 친구에게 허풍을 떨었다.

테이블 주위에 앉은 여러 사람이 그것을 귓결에 들었지만, 대화와 직접적인 관계가 없었기 때문에 각자의 의견을 발설하지는 않았다. 그러나 실상은 그라시가 속이는 유일한 사람은 자기 자신뿐이었다. 신체 언어는 자주 말보다 더 크게 소통되며, 남편 마크에 대해 그녀가 느끼는 것을 못 보는 사람은 단지 소경뿐일 것이다.

그들이 교회에서 같이 앉을 경우에도 그녀는 언제나 몸의 각도를 그로부터 멀리 떨어진 채 강대상으로 향했다. 마크가 말을 할 때 그라시는 자주 끼어들거나 그를 무시하였다. 어쩌다 부딪히기라도 하면 그녀는 몸을 움츠렸다. 그녀의 시선은 냉담했고 마치 같은 행성을 공유한다는 것이 못마땅하다는 듯이 그녀의 말투에는 짜증이 섞여 있었다.

나는 그라시로부터 값진 교훈을 배웠다. 남편을 존중하는 것은 단순히 말로만 하는 것이 아니라 훨씬 더 많은 것을 수반하는 것이다. 존경은 언어에만 나타나 보이는 것이 아니며 어조와 어투와 표정에서도 드러난다. 예를 들면, 내가 만약 "그래서요, 여보"라고 얼굴에 미소를 짓고 부드러운 목소리로 말하지만 눈빛은 피한다면, 그러지 않을 때보다 완전히 다른 메시지를 전달하게 된다.

그러므로 남편을 존중하는 것에는 전체가 포함된다. 태도, 말, 목소리의 어조, 신체 언어 등 모두이다. 근본적으로 이 모든 양상들을 통해 존경을 표현한다면 가장하거나 속이는 것은 어려운 일이다. 나는 Amplified Bible 번역본의 에베소서 5:33을 좋아한다. "너희도 각각 자기의 아내 사랑하기를 자기같이 하고 아내도 그 남편을 경외하라[아내도 자기 남편을 유의하고 중시하며 존중하고 고려하며 좋아하고 우선하며 공경하고 높이 평가하라 또 그의 의견 판단 결정에 따르고 그를 칭찬하고 사랑하며 감탄하라]." 내가 이 모든 것을 계속한다면 나에게 교만의 여지란 있을 수 없다는 것을 확신한다.

하나님께서 주목시키신 또 한 가지 사실이 나의 생각을 재정립하는데 도움이 되었다. 하나님께서는 내가 결혼한 이 남자를 매우 좋아하시고, 나 또한 그렇게 하기를 기대하신다는 것이다. 나의 목표는 A^+아내가 되는 것이다. 그러려면 남편을 받아들이고 지지하며 승인하고 찬성할 필요가 있다. 그는 놀랍고 기이하게 만들어졌으며 하나님 아버지의 경이롭고 독특한 작품이라는 사실을 나의 말, 행동, 태도에서 확인하여야 한다. 그의 모습 그대로와 입장 그대로를 받아들일 필요가 있다. 그것이 바로 하나님께서 나를 대하시며 행하시는 것이 아니던가? 나는 그의 의견에 찬성하며 하나님께서 나를 사랑하시는 것처럼 조건 없이 그를 사랑하여야 한다. 이런 그리스도와 같은 태도를 취할 때, 엄청난 자유가 따른다.

이 같은 생각을 실천할 수 있는 방법은 결혼생활을 삶의 중심에 두는 것이다. 결혼생활을 가장 주된 소명으로 삼고 노력을 기울이며 자녀들보다 남편을 중히 여기며 하나님 다음의 우선순위로 삼는 것이다.

나는 목사님으로부터 들은 이 이야기를 좋아한다. 그분의 이웃 중에 아름답고 촘촘한 초록빛 잔디밭을 가진 사람이 있었다. 애리조나와 같은 지역에 산다면 그것은 보통 기술로는 어려운 일이다. 한 번은 목사님이 그에게 풀밭에 대해 칭찬을 하였는데, 그 사람은 잔디밭에 물을 뿌리고 거름을 주며 잡풀을 뽑는데 투자한 정확한 시간만큼 아름답게 보일 수 있었다고 말하였다. 대부분의 사람들은 노력하지 않고 촘촘한 잔디를 원한다. 멋진 결혼생활은 바로 그 잔디밭처럼 시간과 에너지의 투자를 필요로 한다. 거기에는 영양분과 양육이 있어야 한다.

A⁺ 아내가 되는 두 번째 방법은 애정에 의해서이다. 우리 모두는 사랑이 필요하고 그것을 원한다. 또한 어루만짐은 그것이 가볍게 손을 치는 정도일지라도 힘 있는 사랑의 증거가 된다. 동물뿐만 아니라 인간도 어루만짐이 없으면 천천히 죽어 간다는 사실을 수많은 연구가들은 강조한다. 애정은 느끼고 보고 들을 필요가 있는 것이기에 남편에게 말뿐만 아니라 보여 줘야 하는 것이다. 애정은 확인해 주고 의견에 동조하고 증명해 주어야 한다.

그라시처럼 남편을 싫어하는 사람일지라도, 우리가 허락한다면 하나님께서는 애정을 회복시키실 것이다. 나 역시 남편과 특별히 고달픈 시간을 보내야 했을 때 그를 그다지 좋아하지 않았고, 그런 감정은 확실히 두 사람 공통의 것이었다. 나는 기도와 말씀공부를 통해서 남편과 새로운 친구관계를 회복하기로 결심하였다. 그런 우정을 위해서는 시간과 계획과 용기까지도 필요하기 때문에 하룻밤 사이에 일어나지 않았다. 아무래도 다시 회복하는 것은 모험이었다. 나는 그의 모든 것을 당연한 것으로 생각지 않으려고 애썼다. 그리스도를 본받아서 나 자신을 자꾸만 죽이고, 원함과 욕구 대신 남편의 욕구를 앞세웠다. 「더 푸른 풀밭의 신화」(The Myth of the Greener Grass)의 저자 J. 엘렌 피터젠(Allan Petersen)은 "긍정적인 행동은 긍정적인 감정의 효과를 가져올 수 있다"고 말했다. 나는 그 열매를 수확하면서 씨 뿌릴 만한 가치가 있다는 것을 깨달았다.

 목사님은 결혼생활에 환멸을 느끼고 벗어나고 싶어했던 한 여성에 대해 이야기하였다. 남편의 정서적인 방치와 소홀함에 깊은 상처를 입은 그녀는 그를 떠남으로써 복수하고 싶었다. 그러나 지혜로운 상담자는 그녀에게 할 수 있는 한 모든 방법을 동원해서 6개월 동안 남편을 섬겨 보라고 지시하였다. "자신에 대해서는 완전히 잊어버리고, 당신 힘이 닿는 한 그저 그 남자가 하고 싶은 대로 다하게, 버릇없는 응석받이로 망쳐놓아

버리세요. 6개월 후, 당신에 대한 그의 사랑이 회복되면 그를 떠나 버리는 겁니다. 그는 매우 곤혹스러울 것이고 엄청난 고통에 괴로워할 거예요."

그 여성은 상담자의 충고를 따랐으나 '긍정적인 행동은 감정을 변화시킬 수 있다'는 피터젠의 말을 입증하듯이 6개월이 지난 뒤, 상담자가 예상했던 대로 남편과 다시금 사랑에 빠지게 되었다는 것이다. 나 역시 회복의 계획에 초점을 맞추었을 때, 그 목표를 위해서는 내가 원하는 것이 맨 마지막에 있음을 깨달았다. 하나님께서는 이 사야서에서 우리 삶의 황무지를 아름다운 에덴동산으로 만들어 주실 것을 약속하셨다. 그 약속은 사실이다. 그분은 내게 그렇게 하셨다. 그분은 당신에게도 그렇게 하실 것이다.

> 나 역시 회복의 계획에 초점을 맞추었을 때, 그 목표를 위해서는 내가 원하는 것이 맨 마지막에 있음을 깨달았다.

간략하게 말하면, 마음속에 숨겨진 자만과 독선적 태도를 들추어내 주시기를 계속적으로 하나님께 부탁드려야만 한다. 또한 말하는 것뿐만 아니라 어떻게 말하는지, 저변에 깔린 근원적인 마음의 자세와 나의 신체 언어의 표현에 대해 의식하며 깨닫게 해 주시기를 간구해야 한다. 고삐를 풀어 좋을 대로 하게 두면 교만은 우리를 파괴하기에 이른다.

영적인 사례들

아모스의 아들이요, 위대한 선지자 중의 한 사람이었던 이사야는 겸손히 하나님과 동행하였다. 그는 예언적 메시지와 재난, 화, 죄악된 민족에 대한 심판을 말해야 하는 고달픈 임무를 맡고 있었고, 그는 그런 위치를 자원하기조차 하였다. "내가 또 주의 목소리를 들은즉 이르시되 내가 누구를 보내며 누가 우리를 위하여 갈꼬 그때에 내가 가로되 내가 여기 있나이다 나를 보내소서!"(사 6:8).

나는 이사야를 존경한다. 나의 반응은 보통, '저는 아니에요, 주님, 제발, 저 말고요!' 이다. 그런데 이사야는 어떤 면에서 파멸과 암흑을 전파하는 사람이 되었다. 그들을 향해 닥쳐올 나쁜 소식을 가져오는 이 사람을 바라볼 때, 사람들은 아마도 무서워서 뒤로 물러났을 것이다. 그것은 틀림없이 괴로운 사명이었으나 하나님은 누군가를 통해 그분의 진리를 전달하셔야 했다.

그 임무가 어렵지 않기라도 하듯, 하나님께서는 이사야에게 그것 이상을 요구하셨다. "곧 그때에 여호와께서 아모스의 아들 이사야에게 일러 가라사대 갈지어다 네 허리에서 베를 끄르고 네 발에서 신을 벗을지니라 하시매 그가 그대로 하여 벗은 몸과 벗은 발로 행하니라"(사 20:2). 3년 동안 이사야는 벗은 몸과 맨발로 다녔다. 이사야는 여호와의 말씀에 순종하기 위해서 자존심을 내어 버렸다. 나라고 어찌 덜할 수 있겠는가?

예수님께서는 우리에게 두 가지 명령을 남기셨다. "네 마음을 다하고 목숨을 다하고 뜻을 다하여 주 너의 하나님을 사랑하라… 네 이웃을 네 몸과 같이 사랑하라"(마 22:37-40). 나 또한 교만의 흔적일랑 벗어던지고 하나님의 의도대로 남편을 사랑해야만 한다. 이사야의 순종은 수백 년을 건너뛰어 장래에 오실 메시야를 바라볼 수 있는 특권을 주었다. 이사야는 모든 위대한 히브리 선지자들 가운데 가장 완벽한 예수님의 그림을 묘사하였다. 사건이 발생하기 이미 오래전에 그리스도 탄생 이야기, 그분의 사명, 그분이 지닐 호칭, 그분의 특성들을 알고 있었다. 축복은 언제나 순종의 뒤에 온다.

반면에, 하나님께서는 사울의 교만을 보시고 그를 물리치셨다. 사무엘상 15장에서 확인해 보자. 그분은 과거에 하나님의 택한 백성을 악하게 대했던 아말렉을 벌하시고자 계획하셨다. 그래서 사울에게 아말렉과 그들의 모든 소유를 멸하라고 명령하셨지만, 사울은 자기가 그보다 더 나은 계획을 가진 것처럼 행동하였다. 그는 아말렉 왕 아각과 가장 좋은 양들과 가축들을 살려 주었다.

사울의 선택은 하나님의 마음을 아프게 하였고 주께서는 사울에게 말씀하시려고 사무엘을 급파하셨지만, 사울은 전쟁에서 승리한 자신의 명성을 위해 기념비를 세우려고 이미 갈멜로 이동한 뒤였다(그는 한때 자신을 작은 자로 여겼으나 이제 자신을 위한 사당을 둘 만큼 훌륭한 인물로 생각했다). 마침내 사무엘이 그를 만났을 때, 사울은 사무엘에게 인사를 하고, 그가 하나님의 명령을 준행하였노라고 자랑하였다. 사무엘의 정확한 지적에 사울은 군병들이 가장 좋은 것을 남기기는 하였지만, 오직 하나님께 희생제물로 드리기 위함이었노라고 자백하였다. 자신의 불순종을 정당화하는 것과 영적인 구실을 댄 사실을 유의해 보라.

> 하나님께서 말씀하시는 대로 행동하지 못한다면, 교만이 그 중심에 자리 잡고 있는 것이다.

"사무엘이 가로되 여호와께서 번제와 다른 제사를 그 목소리 순종하는 것을 좋아하심같이 좋아하시겠나이까 순종이 제사보다 낫고 듣는 것이 수양의 기름보다 나으니 이는 거역하는 것은 사술의 죄와 같고 완고한 것은 사신 우상에게 절하는 죄와 같음이라 왕이 여호와의 말씀을 버렸으므로 여호와께서도 왕을 버려 왕이 되지 못하게 하셨나이다"(삼상 15:22-23).

하나님께서 말씀하시는 대로 행동하지 못한다면, 교만이 그 중심에 자리 잡고 있는 것이다. 언제든지 나의 방법을 그분의 방법에 우선한다면 결과적으로 하나님보다 우위에 있는 것이다. 최대한의 존경으로 남편을 대하지 못한다면 교만이 다시금 그 꼴사나운 머리를 들어 올릴 것이다. 나는 자신의 방법을 계속 고집하여 하나님께서 물리치셔야만 했던 사울의 결말을 원치 않는다.

하나님의 말씀 묵상

- "교만은 패망의 선봉이요 거만한 마음은 넘어짐의 앞잡이니라" (잠 16:18).
- "교만이 오면 욕도 오거니와 겸손한 자에게는 지혜가 있느니라" (잠 11:2).
- "내게 주신 은혜로 말미암아 너희 중 각 사람에게 말하노니 마땅히 생각할 그 이상의 생각을 품지 말고 오직 하나님께서 각 사람에게 나눠 주신 믿음의 분량대로 지혜롭게 생각하라" (롬 12:3).
- "그런즉 선 줄로 생각하는 자는 넘어질까 조심하라" (고전 10:12).
- "무릇 자기를 높이는 자는 낮아지고 자기를 낮추는 자는 높아지리라" (눅 14:11).

하나님의 은혜 구하기

    존귀하신 아버지시여,
    교만은 그야말로 조금도 방심할 수가 없습니다. 저의 마음을 지켜 주옵소서. 아주 경미한 오만함이나 독선적인 태도라도 자각하게 도우소서. 결코 남편보다 제 자신이 낫다고 생각하고 싶지 않습니다. 교만이라는 생각만 해도 비탄에 빠지게 될 것입니다.
    날마다 저의 남편을 받아들이고 지지할 것을 상기시켜 주옵소서.

규칙적이며 일정한 저의 찬성과 승인, 애정을 보여 주게 도우소서. 모든 면에서 그를 존중하기를 원합니다. 제가 남편에게 그리고 타인에게 어떻게 전달하는지 스스로 들리게 도와주세요. 저의 비언어적인 메시지에 대해 자각하게 해 주세요. 남편이 하나님에게 그리고 저에게 얼마나 소중한가를 분명히 전달하는 의사소통이 이루어지기를 원합니다.

저는 교만한 사울이 아닌, 이사야 같은 겸손한 종이 되기를 열망합니다. 그런데도 솔직히, 저에게 교만을 향한 타고난 성향이 존재하는 것을 압니다. 겸손은 쉽게 자연스럽게 우러나오지 않습니다. 주님, 제 마음이 당신의 마음과 같이 될 때까지 부디 저를 변화시켜 주옵소서. 예수님처럼 고귀하신 종이시요, 겸손의 표상되신 분은 그 어느 곳에도 찾아볼 수 없기 때문입니다. 예수님과 같이 되기를 소원합니다. 그리스도의 거룩하신 이름으로 기도드립니다. 아멘.

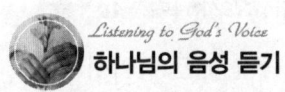

Chapter 11
시샘으로 전율하다

친구의 남편이 그리스도께 돌아올 때

"안녕하세요?" 한나가 인사하였다. "아유, 반가워라. 가족들 모두 잘 계신가요?" 우리는 몇 년 동안 만나지 못한 터여서 이런저런 이야기로 즐거운 시간을 보냈다. 우리는 서로의 가족들에 대하여 이야기하였다.

"몇 년 전에 우리 딸 니키가 믿지 않는 사람과 결혼했던 일을 기억하시나요?"

나는 고개를 끄덕였다. 너무도 생생하게 기억하고 있었다! 그녀의 결정은 교회 전체를 깜짝 놀라게 하고 가슴 아프게 했었다. 뭐니 뭐니 해도 니키는 독실한 그리스도인 가정에서 성장했다. 아버지는 장로였고 어머니는 주일학교 교사였다. 그녀는 평생 진리에 대해서 들어왔으나 하나님과 부모, 목사님의 충고에 불순종하는 선택을 했었다. 나는 니키의 선택이 결국 이혼과 불행으로 끝이 났노라는 소식을 들을 것이라고 생각하고 마음의 준비를 단단히 하고 있었다.

"니키의 남편 차드가 몇 주 전에 그리스도를 영접하였어요!" 한나의 얼굴은 희색과 위안으로 밝게 빛났다.

"정말이요?" 나는 믿기 힘들어 거의 숨이 막힐 것 같았다. "아니 그럴 수가!" 이제는 나의 반응 때문에 당혹스러웠다. 기쁨보다는 노여움을 느꼈다.

"아, 네, 사실이에요! 그는 지금 교회에 출석하고 있고, 머지 않아 세례도 받을 계획이지요. 새신자반에도 등록을 하였고요."

"야아!" 나의 이 반응은 감격이 아닌, 정직하게 말해서 울고 싶은 자극으로 압도된 탄식이었다. 나는 억지로 미소지을 수밖에 없었다.

한나는 그녀의 시계를 보았고 나의 부정적인 감정을 느끼지 못한 것 같았다. 경쾌한 어조로 그녀는 말했다. "어어, 나 이제 가야겠어요. 만나서 반가웠어요. 우리 사위 차드와 결혼하지 말라고 니키에게 간곡하게 말리셨기 때문에 감격해하실 줄 알았어요. 모든 일이 다 잘되었어요." 그녀는 빠르게 인사를 하고는 쇼핑객들 속으로 사라졌다.

나는 차드에 대하여 열광하지 못했다. 나는 화가 났다. 눈물을 흘리지 않으려고 두 눈을 격렬하게 깜박거리며 서둘러 차 있는 곳으로 향했다. 안전하게 차 안으로 들어와서는, 운전대에 머리를 묻고 울기 시작하였다. '하나님, 공평하지 못합니다! 저는 거의 20년을 당신과 함께 성실하게 동행하여 왔습니다. 얼마 동안 더요, 하나님? 얼마나 오랫동안 기다려야 하는데요?

여러 달 동안 하나님의 공의로우신 방법에 대한 논리적인 깨달음을 얻으려고 애를 썼으나 답을 얻지 못하였다.

마치 내 배에 펀치가 가해진 것 같은 느낌이었다. '니키는 고의적으로 불순종했음에도, 그녀를 축복하셨어요. 저는 이해할 수가 없습니다! 불순종이 아닌 순종 뒤에 축복이 뒤따른다는 원리 원칙에 무슨 일이 벌어진 건가요?

니키의 소식에 나의 감정은 아래로 곤두박질쳤다. 나는 하나님께 화가 치밀었다. 이해할 수 없었다. 솔직히, 지금도 이해하지 못한다. 수많은 아내들이 자신의 선택에 의해 멍에를 달리한 관계를 맺는 것이 아니다. 니키는 일부러 믿지 않는 사람과 결혼하였지만 동화의 결말과 같이 해피엔딩이 되었다. 여러 달 동안 하나님의 공의로우신 방법에 대한 논리적인 깨달음을 얻으려고 애를 썼으나 답을 얻지 못하였다. 내가 말할 수 있는 것은 그분이 계시해 주신 것뿐이다.

그분은 토기장이시요, 나는 진흙이다. 그분은 나의 삶이나 니키의 삶이나 당신의 삶에서 그분이 원하고 그분의 마음대로 행하실 수 있는 모든 권한을 가지고 계신다. 그분의 길과 방법은 나의 길과 방법이 아니다. 그분의 생각은 나의 생각보다 지고하시다. 그분은 우주와 만유의 하나님이시고 주권자시며 정당하시고 거룩하시다. 그분은 만유의 주시요 만왕의 왕이시다. 나는 이유와 방법은 알 수 없으나 나를 위한 그분의 계획과 섭리를 확신하고 안심할 수 있었던 것은 그분이 내게 그렇다고 말씀하셨기 때문이다. 나는 앞에서 말한 모든 것을 믿음으로 받아들이는 지점에 이르렀다. 하나님의 '공정하심'에 대한 욥기 38장을 읽어 봤는가? 전능하신 하나님은 욥에게 말씀하셨고 그분은 내게도 말씀하신다. 사실 그 말씀들을 인용하여 나의 마음을 부수고 오만하게 공정함을 요구하던 자리에서 나의 가면을 벗기셨다. 욥기 1-13절을 함께 살펴보자.

"때에 여호와께서 폭풍 가운데서 욥에게 말씀하여 가라사대 무지한 말로 이치를 어둡게 하는 자가 누구냐 너는 대장부처럼 허리를 묶고 내가 네게 묻는 것을 대답할지니라 내가 땅의 기초를 놓을 때에 네가 어디 있었느냐 네가 깨달아 알았거든 말할지니라 누가 그 도량을 정하였었는지, 누가 준승(측량줄)을 그 위에 띄웠었는지 네가 아느냐 그 주초는 무엇 위에 세웠으며 그 모퉁이 돌은 누가 놓았었느냐 그때에 새벽 별들이 함께 노래하며 하나님의 아들들이 다 기쁘게 소리하였었느니라 바닷물이 태에서 나옴같이 넘쳐흐를 때에 문으로 그것을 막은 자가 누구냐 그때에 내가 구름으로 그 의복을 만들고 흑암으로 그 강보를 만들고 계한을 정하여 문과 빗장을 베풀고 이르기를 네가 여기까지 오고 넘어가지 못하리니 네 교만한 물결이 여기 그칠지니라 하였었노라 네가 나던 날부터 아침을 명하였었느냐 새벽으로 그 처소를 알게 하여 그것으로 땅 끝에 비취게 하고 악인을 그 가운데서 구축한 일이 있었느냐."

하나님께서 그렇게 세 장을 더 계속하신 후에 욥은 "내가 스스로 깨달을 수 없는 일을 말하였고 스스로 알 수 없고 헤아리기 어려운 일을 말하였나이다"(42:3)라고 동의하였다. 그리고 나의 반응 또한 그와 동일하였다. 내가 누구관대 깨달을 수 없는 일과 헤아리기 어려운 일에 대해 하나님께 힐문하겠는가?

친구의 남편이 먼저 그리스도께로 돌아올 때

교회를 옮기고서 조이와 교제하며 속 깊은 이야기를 나누는 절친한 친구 사이가 되었다. 우리는 함께 시간을 보내기도 하고 주일에 같이 앉기도 하며 성경공부 그룹에서 공부를 하고 교회의 다양한 임무와 역할을 함께 섬겼다. 나에게 마음을 쓰는 누군가가 생기자 교회에서 그다지 외롭지가 않았다. 그런 상황에서 전화벨이 울렸다.

"짐이 그리스도를 영접했어요." 그녀가 심하게 울고 있었기 때문에 그녀의 말을 간신히 알아들을 수 있었다.

그들은 힘든 시간을 보냈고, 하나님께서 곤고한 시절을 통해 결실을 가져다주셨기 때문에 나는 기뻤다. 나는 진실로 기뻤지만 마음속의 작은 부분은 역시 부러움과 싸우고 있었으며 이로 인해 전율하고 있었다. 이기적인 작은 음성이 물었다. "그럼 넌 이제 누구하고 자리에 앉지?"

> 반응을 관리하고 당신과 다른 사람을 위한 하나님의 계획을 정중하고 품위 있게 받아들여야 한다. 때로는 그것이 곤란하더라도 말이다.

목사님의 사모님 달린은 말했다. "어떻게 느끼실지 제가 알아요. 우리가 아기를 가지려고 노력했을 때 모든 친구들은 성공적으로 임신하는데 우리만 갖지 못했을 때, 나는 그들의 경사를 기뻐했지만 나를 생각하면 그때마다 조금씩 더 슬펐지요. 불쑥 나온 배를 접할 때마다 결코 수태의 기쁨을 가지지 못할지도 모른다는 초조함이 되살아났어요. 짐에 대해서 기쁘기도 하고 슬프기도 한 감정은 정상적이랍니다. 달콤 씁쓸한 경험일 것입니다."

그녀가 옳았다. 그녀의 설명은 이중적인 감정에 대한 죄의식을 덜어주는 데 도움이 되었다. 그녀는 사물을 올바른 견지에서 바라보도록 해 주었고, 조이는 단지 7년 동안만 홀로 걸었음에도 불구하고 그녀와 그녀 남편이 샘나지 않았다. 나는 단지 딘이 그렇게 되기를 바랐을 뿐이다. 그러므로 조이 같은 친구가 당신에게 있다면, 당신의 반응이 동요되고 뒤범벅이 되더라도 놀라지 말라. 결국은 반응을 관리하고 당신과 다른 사람을 위한 하나님의 계획을 정중하고 품위 있게 받아들여야 한다. 때로는 그것이 곤란하더라도 말이다.

영적인 사례들

제자 베드로는 이와 동일한 문제를 가지고 허우적거렸다. 그는 만사가 정당하고 공평정대하기를 바랐고, 제자들 중 누구보다 더 나은 대우를 받으려고 하였다. 예수님과 제자들이 디베랴 호숫가에서 아침식사를 나누는 모습을 상상해 보자. 부활 후 승천하시기 전에 그들에게 나타나신 그때가 세 번째였다.

한 번은 그들이 식사를 마친 후, 예수님께서 베드로에게 그분을 사랑하는지 세 번 질문하셨다. 세 번째 물으실 때, 베드로의 마음은 근심하였다. 그는 "주여 모든 것을 아시오매 내가 주를 사랑하는 줄을 주께서 아시나이다 예수께서 가라사대 내 양을 먹이라 내가 진실로 진실로 네게 이르노니 젊어서는 네가 스스로 띠 띠고 원하는 곳으로 다녔거니와 늙어서는 네 팔을 벌리리니 남이 네게 띠 띠우고 원치 아니하는 곳으로 데려가리라"(요 21:17-18). 예수님께서는 베드로가 어떠한 죽음으로 하나님께 영광 돌릴 것인지 말씀하신 것이었다.

베드로는 요한이 그들을 뒤따라오는 것을 발견하고 여쭈었다. "주여 이 사람은 어떻게 되겠삽나이까?" 예수님께서는 "내가 올 때까지 그를 머물게 하고자 할지라도 네게 무슨 상관이냐? 너는 나를 따르라(21-22절)"고 말씀하셨다.

예수님은 내게도 동일하게 말씀하신다. 그분이 어떻게 하시든지 그것이 내게 어떤 의미를 가지든지 무관하게 그분을 따라야만 한다. 그것은 하나님과 그들만의 일이므로 그들의 삶이 어떻게 풀려나가든지 내가 간섭할 수 없다.

11장 시샘으로 전율하다

그러던 중 언제부터인지, 베드로는 공평정대한 염려를 중단하고 용감하고 확고부동해졌다. 그는 이제 그리스도께서 그분의 교회를 세우시겠다고 예언하신 반석이 되었다. 베드로는 십자가에 매달린 죽음마저도 참고 견뎌야 하는 자신에 대한 하나님의 계획을 수용한 성숙한 사람이 된 것이다. 전해 오는 이야기에 의하면, 그는 예수님의 죽으심과 동일한 죽음마저도 합당한 것으로 여기지 않아 거꾸로 십자가에 매달릴 것을 고집하였다고 한다.

예수님께서는 마태복음 20장에서 포도밭의 일꾼들에 대한 비유를 말씀하셨다. 어떤 포도밭 주인이 이른 아침 한 데나리온에 포도밭에서 일할 사람들을 고용하였다. 세 시간이 지난 후 동일한 작업을 위해 동일한 임금으로 더 많은 사람들을 고용하였다. 또 세 시간이 흐른 후, 주인은 더 많은 사람들을 동일한 임금으로 고용하였다. 주인은 다시 세 시간 후에 그렇게 하기를 반복하였다. 주인은 첫 번째 그룹이 이미 11시간을 일한 후에 마지막 사람들을 고용하였으나, 그는 그들 모두에게 동일한 임금을 지불하였다. 어떤 이들은 1시간을, 다른 이들은 12시간 동안 일했는데도 불구하고 말이다.

가장 오랫동안 일한 사람들은, 1시간, 3시간, 6시간, 9시간 일한 사람들과 동일한 일당을 받는다는 것이 공평하지 못한 처사라고 생각하여 투덜대고 불평하기 시작하였다. 그들의 하루 일이 많든 적든 관계없이, 각 사람은 한 데나리온씩을 받았다. 포도밭 주인은 그들의 불평에 "내 것을 가지고 내 뜻대로 할 것이 아니냐 내가 선하므로 네가 악하게 보느냐"(마 20:15)라고 응수하셨다.

주인은 원하는 대로 행할 수 있는 모든 권한이 있었지만, 나 역시 맨 처음 고용된 사람이라면 부당하게 생각했을 것이다. 하나님은 축복할 자를 축복하고 저주할 자를 저주할 권리를 가지고 계시며, 그것은 나와 상관없는 일이다. 나는 베드로와 같이 나를 위한 하나님의 계획을 받아들일 뿐만 아니라 타인을 위한 그분의 계획을 시기, 질투나 힐문함이 없이 순응함으로 성숙하게 자라기를 기도한다.

하나님의 말씀 숙고

- "낮에와 같이 단정히 행하고 방탕과 술 취하지 말며 음란과 호색하지 말며 쟁투와 시기하지 말고"(롬 13:13).
- "너희가 아직도 육신에 속한 자로다 너희 가운데 시기와 분쟁이 있으니 어찌 육신에 속하여 사람을 따라 행함이 아니리요"(고전 3:3).
- "마음의 화평은 육신의 생명이나 시기는 뼈의 썩음이니라"(잠 14:30).
- "시기와 다툼이 있는 곳에는 요란과 모든 악한 일이 있음이니라"(약 3:16).
- "사랑은 오래 참고 사랑은 온유하며 투기하는 자가 되지 아니하며 사랑은 자랑하지 아니하며 교만하지 아니하며"(고전 13:4).

하나님의 은혜 구하기

주권자 되신 주님이시여,

당신을 의심하고 내 뜻대로 되지 않았을 때에 흥분하고 격노한 것을 용서해 주옵소서. 무엇보다도 제가 가장 잘 아는 것처럼 행동한 저의 태도를 용서하소서. 당신은 토기장이십니다. 정확히 당신이 원하시는 대로 저를 만드시고 빚으소서. 주님, 저의 생명을 받으시고 당신께서 뜻하시는 대로 행하소서. 주님은 저를 위한 최선의 계획을 가장 완벽하게 성취하신다는 것을 믿습니다.

저의 친구들이 기뻐할 때 함께 기뻐하고 슬퍼할 때 함께 슬퍼하는 참된 친구가 되게 도우소서. 저의 이런 싸움을 이해하고 그럼에도 불구하고 저를 사랑하는 친구들을 주셔서 감사드립니다.

남들의 삶에 구애받지 않고 주님께서 내게 맡겨 주신 자리에서 의연하게 묵묵히 걸어가게끔 베드로를 변화시키신 것처럼 저를 변화시켜 주소서. 당신이 영광을 받으실 목적으로 저를 위해 선택하신 삶을 제가 그것에 합당하게 살게 도우소서. 그리스도의 거룩하신 이름으로 기도드립니다. 아멘.

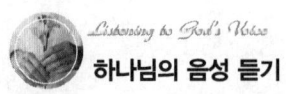
하나님의 음성 듣기

남편이 그리스도를 알 때까지 기다리는 동안 하나님은 당신에게 무엇을 말씀하고 계시나요?

Chapter 12
거대한 기대

그가 마침내 그리스도께 나아올 때

"그리고요, 하나님, 우리 아빠가 당신을 알게 도와주세요. 아멘."

일곱 살배기 딸 홀리의 간청은 언제나 조리의 마음을 아리게 하였다. 그들이 꿇은 무릎을 세우고 일어났을 때, 조리는 주름 장식이 달린 침대 이불로 홀리를 감싸 덮어주었다. 그녀의 소리 없는 간구는 딸의 기도에 메아리쳤다. '네, 주 예수님, 그렇게 해 주세요.'

"오늘밤에는 아빠가 집에 오실 거야." 조리는 침대 옆 등불을

끄면서 약속하였다. "내일 아침 먹을 때면, 넌 아빠를 보게 될 거야."

홀리의 목소리는 기쁨으로 울려 퍼졌다. "좋아요. 아빤 오랫동안 안 오셨잖아요. 난, 보고 싶었단 말이에요."

"아가야, 나도 그래. 나도야." 조리는 홀리의 방문을 잡아당겨 일부를 닫고 복도를 내려가 거실의 안락의자에 앉았다. 그녀는 남편 댄이 도착할 때까지 하나님과 잠깐 동안 시간을 갖고 싶었다.

이번이 댄의 가장 긴 출장이었고, 조리는 이제 머지않아 자기를 감싼 남편의 양팔을 느낄 것이었다. 그는 착한 사람이었고 훌륭한 아버지였다. 그늘의 가장 큰 문제는 조리의 새로운 믿음과 남편의 믿음의 결핍이었다. 지난 몇 년간 그녀가 신앙생활에 안착함에 따라 그들의 결혼생활에는 긴장과 스트레스가 쌓였다. 그녀는 그가 그리스도께 자신을 내맡겨 헌신한다면, 만사가 온전할 것이라고 생각하고 있었다.

한 시간 뒤 차고 문이 열리는 소리를 들었고, 그녀는 성경을 덮고 남편의 사랑스런 품에 안기려 서둘러 달려 나갔다. 그녀는 그가 차 밖으로 빠져나오기 무섭게 그에게 달려 나가, 그의 허리를 안았다. 댄은 그녀가 거의 숨도 못 쉴 정도로 꼭 껴안아 주었다.

"여보, 집에 오니 역시 너무 너무 좋아요." 그의 음성은 부드럽고 평온하며 공손하였다. "당신에게 할 말이 많구려."

조리는 그를 떼어 놓으며 유심히 바라보았다. "댄, 무슨 일이 있었어요?"

그의 두 눈은 눈물로 반짝였고, 그의 목소리는 깊은 감격으로 변성되어 있었다. "잘못된 건 아무것도 없고, 모든 일이 잘 되었어요. 나 말이야, 며칠 전 그리스도를 영접했다오."

"뭐라고요?" 그녀가 오해를 한 것인가? 깜짝 놀라서 기쁨의 눈물이 흘러내렸다.

> 나는 예수님께 내 마음에 들어오셔서, 나의 죄를 용서하시고, 나의 주인이 되어 주시라고 부탁드렸지.

그는 그녀의 눈물에 당혹해하는 것 같았다. "나는 예수님께 내 마음에 들어오셔서, 나의 죄를 용서하시고, 나의 주인이 되어 주시라고 부탁드렸지. 이것이 그동안 당신이 기도해 왔고 원했던 것이 아니었던가?"

"맞아요! 물론이지요! 나는 단지… 당신이 너무도 나를 감격스럽게 만들어서요." 그녀는 그것을 2년 동안 매일 기도해 왔으나 댄의 회심이 도대체 언제 일어날 것인지 의심하고 있었다. '예수님, 감사합니다.' 그녀는 속삭였다.

댄은 사랑하는 아내에게 매력적인 미소를 지어 보였다. 그러고 나서 엄지손가락으로 아내의 얼굴에 흐르는 눈물을 닦아 주고 집안으로 들어갔다. 그는 그녀를 소파에 앉히고 두 팔로 그녀를 감싸 안았다.

조리는 응답받은 기도에 대한 상세한 내용을 다 듣고 싶어 견딜 수 없었다. "무슨 일이 일어났었는지 이야기해 봐요. 다 말해 보세요!"

"조의 가정에 급한 일이 생겨서, 마지막에 그가 출장 가는 것을 취소하였어. 그래서 크리슨이 그 자리를 대신하였지."

"크리슨이요? 그 경영 팀장님이요? 그리스도인이고 실제로 그렇게 살아가는 분 말씀이죠?" 댄은 고개를 끄덕였다. "야아! 하나님의 개입에 관한 이야기네요! 그래서 그가 그리스도를 전해 주고 당신과 함께 기도한 거죠?"

"맞아. 종교적인 문제가 우리 사이를 멀어지게 만들었고, 나는 우리의 결혼생활을 어떻게 회복할까 찬찬히 심사숙고해 보았을 때, 고침을 받아야 할 사람은 나라는 것을 깨달았어. 크리슨을 통해서 하나님이 보여 주셨지. 그러므로 마조리(조리) 엘리자베스 당신은 새롭게 태어난 나, 다니엘(댄) 크리스토퍼를 당신의 그리스도인 남편으로 받아들이겠습니까?"

"네 그렇게 하겠습니다." 그녀는 약속했다.

댄과 조리는 그리스도인의 결혼생활에 대한 커다란 기대에 부끄럽지 않은 삶을 살려고 했지만, 조리는 뜨거운 열성으로 댄을 지나치게 밀어붙였다. 그녀는 남편과 매우 다른 성격이었다. 그녀는 그리스도인이 된 후, 적극적으로 예배와 교회활동에 참여해 큰 변화를 보였었다. 조리는 적극적인 반면 댄은 한 번에 겨우 일 인치씩 나아갔다.

"하나님을 믿고 나서 즉시 교회에서 준 책으로 규칙적인 큐티를 시작했어요. 곧바로 주일 아침예배와 저녁예배에 그리고 수요예배에도 출석하였지요. 나는 기도하기를 좋아하였고 매일 기도를 위해 많은 시간을 할애하였으며, 한 시간 또는 그 이상을 하나님과 대화하며 보냈지요. 나는 댄의 주님과의 동행도 당연히 나와 같으리라고 생각했어요. 그러나 그렇지 못했을 때, 그를 재촉했고 괴롭히면서 강하게 암시하였지요."

조리의 목소리는 슬픔으로 어두워져 있었다. "내 생애 가운데 다시 고쳐 살고 싶은 한때가 있다면, 그것은 댄의 회심 이후 6개월 동안이에요. 그 기간은 이 지상에서의 지옥이었으며, 내가 한 행동 중 가장 후회스런 모습이었어요." 감정을 억제하며 침을 삼키는 그녀의 목소리가 전화선을 타고 메아리쳤고, 우리 사이에 있는 2,400km의 거리에도 불구하고, 본능적으로 그녀가 양심의 가책, 후회의 눈물과 싸우고 있다는 것을 알 수 있었다. 나는 그녀가 말을 이을 수 있을 때까지 기다렸다.

"댄이 컴퓨터 작업을 하고 있으면, 나는 하나님을 위한 시간을 갖지 않고 항상 자기 일에만 모든 시간을 쓴다고 헐뜯었어요. 혹 축구 경기 때문에 그가 교회를 건너뛰려 한다면, 나는 격노하고 여러 날 동안 그와 말도 하지 않았어요. 나는 지나치게 많은 요구를 하였고, 마침내 그는 그리스도인 되기를 단념하겠노라고 말했어요. 댄은 나의 모든 기대에 걸맞게 살 수 있는 방법이 조금도 없었던 거예요.

나는 비탄에 빠졌고 환멸을 느꼈으며 화가 났어요. 나는 신랄하고 모진 여자가 되어 있었어요. 모든 꿈과 희망이 어떻게 이런 비참함과 불행의 진흙탕 속으로 녹아내려 버렸을까요? 댄은 가정에서 얼음 같은 여왕을 피하기 위해 늦게까지 일하기 시작하였어요. 우리의 간격은 돌처럼 차가운 침묵만이 가득 찰 때까지 멀어졌어요. 그의 회심 이전에 우리가 당면했던 문제들은 이에 비하면 작은 것들이었지요. 그 다음으로 나의 삶을 송두리째 바꿔 버린 날이 닥쳐왔어요."

어느 날 오후 조리의 친구 캐이티가 잠깐 들렀다. 캐이티의 남편 로버트는 조리의 남편 댄과 같은 부서에서 근무했고, 조리와 캐이티 또한 좋은 친구 사이였다. 언제나 솔직하고 분별력 있는 캐이티는 단도직입적으로 말했다. "내가 어떻게 이 말을 해야 좋을지 모르겠어. 하지만 넌 알아야 해. 댄이 불륜관계를 맺고 있다는 거야." 그녀의 말은 조리의 가슴을 관통해 찔렀고, 마치 비수가 찌르는 듯한 아픔을 느꼈다.

"뭐라고?" 조리는 가까이 있는 의자로 비틀거리며 곱드러졌다. 가슴에 거대한 짐이 누르는 듯한 느낌에 숨을 헐떡거렸다. 그녀는 그것이 어떤 잔인한 농담이기를 바라면서 캐이티의 표정을 살폈다. 그러나 가장 친한 친구의 얼굴에 서린 근심은 한 가닥 희망도 사라지게 만들었다. "확실해? 정말이야?"

친구 캐이티의 눈에 눈물이 차오르며 고개를 끄덕였다. "그 일이 만일 내 남편의 일이라면, 나도 알고 싶었을 거야."

"마음 한편에서는 알고 싶지 않았어." 조리는 고백하였다. 이제 조리는 사실을 직시하고 결단해야만 했다. 감각이 마비되어 아무것도 생각할 수 없었다. 그녀는 혼자뿐임을 아파하며 눈물을 흘렸다. 뱃속에서는 메스꺼움이 치밀어 올라왔다. '도와주세요, 하나님. 제발, 저를 도와주세요.' 그녀는 조용히 울부짖었다. 자신의 세계가 통제 밖으로 벗어나는 것을 느끼면서 그녀는 작은 소리로 물었다, "누구하고?"

"로렌." 로렌, 사무실의 모든 아내들이 두려워하는 이름이었다. 독신녀로서 모든 유부남 한 사람 한 사람에게 늘 붙어 따라다니며 먹이감 삼기로 정평 나 있는 악명 높은 여자였다.

"너는 댄을 끊임없이 쓰러뜨리는 반면에, 로렌은 너의 비판으로부터 안전한 피난처를 마련해 주었대. 로버트가 말하는데 그 여자는 댄을 아주 극구 칭찬한대. 너는 더 이상 댄에게 다정하고 상냥하게 말하지 않고, 그가 만지려고 하면 움츠려든다는 거야." 캐이티는 자기의 말에 조리가 힘들어 하는 것을 알고 잠깐 멈추었다.

"댄이 유혹에 약해 있을 때, 로렌이 먹어 치우려고 접근해 온 것 같다고 로버트가 말하더라고. 댄은 처음에는 거절했지만, 너희의 관계가 나빠졌을 때 간통에 굴복하고 만 거야."

'간통, 그 얼마나 추악한 말이던가!' 캐이티는 조리를 끌어안았고 그들은 함께 울었다. "난 결코 그 사실을 잊지 못할 거야." 조리가 말했다.

"그래, 기억난다. 우리에게 꼭 필요한 것처럼 그리고 꼭 원하는 것처럼 보이는 그 유혹이 바로 바깥에 있다는 것을 말이야. 댄에게 수용과 격려와 용기와 감사가 필요한 그때에, 로렌은 그 모든 것 이상을 제공해 주었던 거야." 망연자실한 조리는 그저 고개를 끄덕일 수밖에 없었다.

"오늘 밤 홀리를 우리 집으로 데리고 갈게. 생각해 볼 시간을 좀 갖도록 해. 댄은 출장 중이니 내일 오후까지는 집에 돌아오지 않을 거야. 이 일에 대해 어떻게 할지 생각해 봐. 기도해야 해." 조리는 딸 홀리를 끌어안아 캐이티 아줌마와 잘 가라고 인사하고 나서 냉정하고 기운을 차리기 위해 욕실로 들어갔다.

집안에 홀로 남은 조리는 성경을 움켜잡고 하나님 앞에 엎드렸다. '어떻게 이런 일이 벌어졌습니까?' 그녀는 납득할 수 없었다. 지난 몇 달 동안을 곰곰이 생각해 볼 때, 두드러진 징후와 조짐들이 보이기 시작했다. 어떻게 그것들을 깨닫지 못했을까? 댄이 그들의 결혼 10주년 기념일을 잊어버린 것은 당연했다. 그의 관심과 생각은 다른 곳에 있었던 것이다.

"나는 댄을 정죄하고 싶었지만, 그날 밤 하나님 앞에 깨어지고 무너지는 시간을 보내면서 오히려 그분은 나의 과오를 깨우쳐 주셨어요. 항상 직접적인 공격은 아니었더라도 그는 가정에서 빈정거림과 유머로 가장한 잔소리와 비판과 불평불만을 들어야 했어요. 그가 나를 만지면 나는 움츠러들었기 때문에 그의 구애는 차츰 줄어들었다가, 그의 불륜이 알려지기 여러 달 전에 아예 끝이 났었어요. 나는 그에게 화가 많이 나 있었기 때문에 그의 무관심이 오히려 편했고 커다란 휴식이었어요. 로렌이 그의 필요와 욕구를 만족시켜 주었다는 사실을 내가 알게 될 때까지 말이에요.

이혼은 나의 시야에서 악몽처럼 잠복하여 도사리고 있었어요. 내가 다시 독신이 된다는 것은 결코 상상해 보지 못한 일이었어요. 우리가 지금 어느 방향으로 가고 있는지 알지 못했지만, 우리의 결합이 끝이 되리라는 것은 아예 생각지도 않았지요. 나는 성경을 펴서 이혼과 결혼, 간통에 관한 본문들을 모두 읽어 보았어요. 나는 당황스럽고 착잡하여 하나님께 울부짖었어요. '제가 행해야 할 올바른 일을 알게 도와주세요!'

　공포와 울분으로 한숨도 잘 수 없었어요. 대신 밤새도록 울며 기도하고 말씀을 읽으면서 그 밤을 지샜죠. 거듭거듭 마가복음 10:5 말씀으로 돌아갔어요. '너희 마음의 완악함을 인하여 모세는 이 명령을 기록하였거니와.' 이 본문은 이혼과 관련된 것이었어요. 나는 스스로에게 물었어요. '이혼만이 유일한 해결책이라고 여길 만큼 내 마음이 완악한 것인가?' 맞아요. 그동안 내 마음이 완악했고 부주의했으며 자기중심주의적이었어요. 그러나 댄을 잃어버릴 아슬아슬한 고비에 이르러서야 하나님 앞에서 부서지고 깨어졌지요. 하나님은 궁지에 빠진 우리의 결혼생활에 대한 많은 책임이 바로 내게 있음을 보여 주셨고요. 내 죄로 인해 난 무너지고 꺾였어요. 나는 댄의 불륜을 용서할 수밖에 없었어요.

> 우리의 배우자가 그리스도께 나오면 그를 자라게 하는 일은 하나님의 손에 달려 있다.

　며칠 후 눈물을 흘리며 사과하는 남편의 눈을 바라보며 말했어요, '나는 당신을 용서할 수 있어요. 왜냐하면 하나님께서 나를 용서하셨기 때문이에요.' 그 순간 내가 지금껏 한 행동 중에서 가장 그리스도를 닮은 행동이었음을 실감했으며 하나님의 즐거움을 느낄 수 있었지요."

많은 기도와 노력으로 하나님께서 조리와 댄의 결혼생활을 회복시키셨다. 하지만 댄은 아직까지도 교회, 성경, 하나님과 함께하기를 바라고 있지 않다. 조리는 그것을 대부분 자신의 탓으로 돌리며 다른 아내들이 밀어붙이기보다는 기도하기를 원했다. 우리의 배우자가 그리스도께 나오면 그를 자라게 하는 일은 하나님의 손에 달려 있다. 우리는 그분의 대변자가 아니기에 어떤 종류의 잔소리, 설교나 미묘한 암시도 피해야 한다.

나는 딘이 그리스도를 따르기로 결신한다면 하얀 말뚝과 울타리 안의 평온한 삶을 살게 될 것이라고 자주 공상했었다. 나와 함께 기도하고, 나를 위해 기도하는 남자와 함께 산다는 것은 얼마나 놀라운 일일까 하고 꿈꾸었다. 현실과는 거리가 멀 수 있는 이상적인 이야기를 머릿속에 써 왔던 것이다. 진실은, 우리의 남편들 중 한 사람도 밤새 탁월한 그리스도인으로 변화되지 않으며, 그 중 많은 이들은 결코 뛰어난 신앙인이 되지 않는다는 것이다. 나 자신이 이 지점에 도달하기까지 얼마나 걸렸는지를 기억하여야 하고, 내가 그리스도를 닮아가는 과정에서 얼마나 더 가야 하는지를 상기하여야 한다.

거대한 회심이 있은 후에 무슨 일이 일어날는지는 알 수 없지만 발걸음을 현실에서 견고하게 지킬 필요가 있다. 기대는 실망을 낳고, 실망은 불만족을 키운다. 그러나 수용은 곧 평안이다.

여러 해 동안 나는 그리스도인의 틀에 남편을 넣어 이상형으로 만들려고 노력하였다. 나는 불행하였고 그도 불행했으며 좌절감은 우리 모두를 괴롭혔다. 나의 거대한 기대는 우리의 결혼생활을 거의 파산 지경에 이르게 하였다. 그 시절을 통해서, 나는 눈에 보이는 그림과 영상은 수많은 말보다 값어치가 있다는 것을 배웠다. 그리하여 나는 남편에게 설교를 들려 줄 것이 아니라 나에게서 그리스도의 초상을 볼 수 있게 해 달라고 기도드린다. '그것을 말하지 말라! 그러나 그렇게 살라!' 또한 하나님께서는 나의 상황을 바꾸기보다 나 자신을 바꾸기를 더 원하신다는 것을 알게 되었다.

나는 남편과 믿음의 길을 동행할 날을 깊이 갈망하지만 변화는 오직 하나님으로부터만 올 수 있다는 것을 인정한다. 나는 지금의 남편 그 자체를 즐거워하려고 노력한다. 그렇지만 어느 날 될 그 모습을 위해 기도드린다.

영적인 사례들

성경에서 여왕 에스더와 사라의 두 가지 실례를 살펴보도록 하자. 에스더 여왕은 왕에게서 고위직을 하사받은 귀족 하만이 모든 유대인들을 죽이려는 음모를 꾀하고 있다는 전갈을 삼촌 모르드개로부터 받는다. 그는 유대인들을 파멸시키기 위해서 황실의 기금을 지불하겠노라고 약속하였다. 모르드개는 에스더에게 그녀의 백성들을 위해 함께하여 주기를 간청하였다.

여왕 에스더는 무모하게 황급히 덤벼드는 대신에, 유대 백성들에게 삼일 삼야를 금식하며 기도하기를 부탁하였다. 그녀와 여종들 역시 금식하였다. 오직 그들 모두가 여호와를 찾은 이후에야 비로소 그녀는 왕에게 나아갔다. 왕 앞에 섰을 때, 그녀가 부탁한 것은 그녀가 마련한 잔치에 왕과 하만을 초청하는 것이었다.

그녀가 서두르지 않았다는 것을 주목하라. 그녀의 두 번째 요청 역시 다음 날 연회에 왕과 하만이 참석하는 것이었다. 거기서 그녀는 모르드개로부터 시작하여 유대인 전체를 말살하려는 하만의 사악한 궤계를 폭로한다. 하만의 목숨은 모르드개를 죽이려고 준비해 둔 그 교수대에서 끝장이 났다.

한편, 사라는 여호와를 찾으려고 시도하지도 않았다. 그녀는 남편 아브라함이 자기의 여종과 잠자리를 같이 하게끔 주선하였다. 여호와께서 사라에게 자녀들을 주시지 않았기 때문에, 다른 방법으로 가족을 이루려는 것이었다. 그리고 아브라함은 아내의 여종 하갈에게서 아들을 수태하였다. 결국 두 여인은 서로 미워하기에 이르렀고 사라의 계획은 바람직하지 못한 생각에서 출발하여 더 큰 불행으로 악화되었다.

보다 더 안타까운 것은 하갈에게서 태어난 이스마엘은 수백 년 동안 이스라엘에 대항하여 전쟁을 해 오고 있는 아랍 민족의 아버지라는 사실이다. 자신의 손 안에서 해결해 보려고 했던 사라의 선택은 후손들에게 지대한 영향을 끼쳤다.

나는 사라가 아니라 에스더가 되고 싶다. 나는 큰 기대를 가지고 앞질러 헤쳐 나가기보다 주님을 찾고 그분이 나를 인도하시기를 기도한다. 인간의 해결책은 완전한 선을 만들어 낼 수 없기 때문이다. 오로지 큰 혼란과 궁지에 내몰릴 뿐이다.

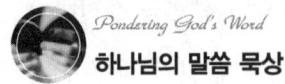
하나님의 말씀 묵상

- "여호와께서 기다리시나니 이는 너희에게 은혜를 베풀려 하심이요 일어나시리니 이는 너희를 긍휼히 여기려 하심이라 대저 여호와는 공의로우심이라 무릇 그를 기다리는 자는 복이 있도다"(사 30:18).
- "너희가 많은 것을 바랐으나 도리어 적었고"(학 1:9).
- "내가 여호와를 기다리고 기다렸더니 귀를 기울이사 나의 부르짖음을 들으셨도다"(시 40:1).
- "오직 여호와를 앙망하는 자는 새 힘을 얻으리니 독수리의 날개 치며 올라감 같을 것이요"(사 40:31).
- "그런즉 너의 하나님께로 돌아와서 인애와 공의를 지키며 항상 너의 하나님을 바라볼지니라"(호 12:6).

하나님의 은혜 구하기

인애하신 아버지시여,

저는 남편에게 큰 기대를 하고는 실망 속으로 빠져들곤 하였습니다. 이제는 제가 온전히 당신만을 기대하게 지도해 주세요. 주님이 일하시도록 기다리는 법을 가르쳐 주세요. 번번이 제가 계획을 하고 당신보다 앞서 내달렸음을 시인합니다. 제가 남편을 고치고 그를 나의 이상형으로 만들려고 애를 썼음도 자인합니다. 용서해 주세요, 아버지.

저의 남편이 그의 심장과 삶을 주님께 드릴 날을 손꼽아 고대하지만, 그때와 방법에 대하여 각색을 짜고 몽상하지 않도록 저의 마음을 지켜야 할 것입니다. 각본을 쓰지 않고 오늘을 살며 내일을 소망하게 지도해 주세요.

기대와 감사의 마음으로 미래를 고대합니다. 당신은 진정 너무도 선하시고 인자하시고 자비로우십니다. 제 앞에 무슨 일이 있을지라도 당신을 신뢰합니다. 영적으로 홀로 된 이 날들이 당신께 영광이 되기를 소원합니다. 그리스도 예수님의 이름으로 기도드립니다. 아멘.

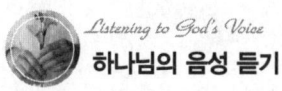
하나님의 음성 듣기

남편의 신자 됨을 가로막는 어떤 은밀한 태도가 당신에게 있는지 기도해 보라.

Chapter 13
만족으로의 길

하나님의 뜻에 순응하는 것

조용히 새로운 한 해가 다가오고 있었다. 나는 이런 상태와 상황에 지쳤고 진력이 나 있어서 새로운 각오로 다음 해는 무언가 기필코 이뤄 내고야 말 것이라는 결심을 하였다. 한층 더 담대하게, 보다 큰 믿음을 가지고, 열정적으로 기도하고자 결의하였다. '하나님, 두고 보세요. 올해는 귀찮고 성가신 기도의 용사가 될 거니까요.'

사실, 다음 해는 기필코 성취해 내겠다는 확고한 결심 이외의 모든 것은 여전히 동일한 것이었다(나는 속고 있었다. 왜냐하면 결심이 곧 남편의 구원이라는 공식이 성립되지 않을 것이기 때문이다). 나는 첫 두어 달 동안은 담대히 남편의 구원을 주장하며 쾌적한 속도로 나아갔다.

3월 첫 주에 애리조나, 프레스코트에서 열린 여성 수련회에 참석하였다. 마지막 날 설교자는 사슬에 매여서도 만족하였던 바울에 대한 이야기를 논했다. 그녀는 설교의 효과를 극대화하기 위해 잠시 멈추고서 질문하였다. "당신의 삶 속에서 당신을 묶고 있는 사슬이 무엇이든지 당신은 그것에 만족하시겠습니까?"

하나님의 소리 없는 작은 음성이 나의 가슴에 적중하여 속삭였다. '제리야, 만일 딘이 영영 나와 동행하지 않을지라도 만족하겠니?'

나는 하나님께서 딘이 그리스도께 결코 굴복하지 않을 것을 말씀하셨다는 것이 아니다. 내가 말하고자 하는 것은 하나님께서 그가 결코 그렇게 하지 않을지라도 만족할 것인지를 물으셨다는 것이다.

그 질문은 나의 가슴을 저리게 하였다. 나는 A자형 예배당에 풀썩 주저앉아 훌쩍거리며 울었다. 나는 폐회 찬송도 부를 수 없었다. 언젠가 딘이 온 마음으로 그리스도께 나아올 것을 알았기 때문에 20년 동안 한결같이 기도해 왔다. 지난 두 달 동안

올해는 기어코 그 해가 될 것을 대담하게 선포하면서 희망으로 부풀어 있었다.

부드럽게 속삭이신 한 마디, 하나님의 도전에 나의 모든 소망이 사라졌다. 나는 그날 내내 그리고 그 이후 여러 날 동안 가슴이 몹시도 아팠다. 내가 과연 그렇게 할 수 있을 것인가? 앞으로 다가오는 30년 동안 이 힘겨운 여정을 나 홀로 걸어갈 수 있을 것인가? 그같이 예상한다는 것은 고통이었다.

애초에 담대하게 기도하기 시작한 이유는 지친 데다 진저리가 스멀스멀 났기 때문이었다. 20년이란 세월은 긴 시간이었다. 두 달 전 일기에, "저의 결혼생활 전체를 멍에를 달리한 채 보냈습니다. 남은 여생은 제발 그리스도께 헌신된 남편과 보내게 해 주세요"라고 기록했다. 나는 그것을 갈망하고 그것을 위해 애통해하였으나, 그 일이 결코 일어나지 않을지도 모른다는 것이다.

> 나의 미래는 어느 때보다도 황량한 것처럼 보였다. 지금과 같은 또 다른 20여 년이 있을지 모른다고 생각할 때마다 나의 두 눈에서는 눈물이 솟구쳤다.

내가 희망을 매장해 버렸기 때문에 슬픔은 그 다음 몇 주 동안 나를 무겁게 짓눌렀다. 나의 미래는 어느 때보다도 황량한 것처럼 보였다. 지금과 같은 또 다른 20여 년이 있을지 모른다고 생각할 때마다 나의 두 눈에서는 눈물이 솟구쳤다. 솔직히 내가 견뎌 낼 수 있을지 알 수 없었다.

약 6주 후, 캘리포니아에서 열린 작가들의 콘퍼런스를 가지는 동안에, 주님께서는 내게 이 책을 쓸 기회를 주셨다. 나는 소설을 쓰고 있고 논픽션은 생각해 본 적도 없었으나 이 프로젝트에 관해 편집 발행인이 이야기했을 때, 하나님께서 내가 이 책의 저자가 되기를 원하신다는 것을 알았다. 성령님께서 확증 가운데 나를 감싸 주셨다.

결혼한 영적 싱글 여성으로서 나의 여정 가운데 가장 낮은 밑바닥의 한계점에서, 하나님께서는 나의 인생 여정을 당신과 함께 공유하라고 부탁하셨다. 나는 나의 전 생애를 통해, 다른 여성들에게 용기를 북돋아 주기에 이처럼 부적격하게 느껴 본 적이 없었다. 내게 희망이 없을 때 어떻게 내가 희망을 가져다줄 수 있단 말인가?

나는 과연 이 책을 저술할 힘이 있는지 또는 혼자서 이 길을 계속 감당할 수 있는지 의심하면서 하나님과 그 다음 두 달 동안 씨름하였다. 나는 내 꿈에 대한 좌절감으로 슬퍼하면서 내 앞에 놓여 있는 희생의 대가를 계산하고 있었던 것이다.

그러던 중, 인내에 관한 성경공부를 통하여 하나님께서는 이 골짜기를 통과하게 이끌어 주셨고, 지난 몇 달 동안 내 삶에 일어난 일을 납득하게 도와주시기 시작하셨다.

휘포모네(Hypomonē)라는 헬라어 단어는 인내에 대한 가장 일반적인 정의이다. 그것은 '참다,' '견디다,' '버티다,' '유지하다,' '여전히 아래에 머무르다,' '지탱하다'를 의미하며 상황에 굴복하거나 시련 중에 압도당하는 것을 허용하지 않는 인격의 속성을 말한다. 그것은 어떤 문제나 어떤 상황과 관련하여 감내하는 인내력을 말한다.

이처럼 인내와 희망은 매우 강렬하게 결속되어 있다. 희망은 성취의 기대를 가지고 어떤 선한 것을 열망하는 것이다. 희망은 삶의 문제나 상황을 견디어 내도록 영감을 불어넣고 고무한다. 하나님께서 불신 남편과 연합하여 남은 여생을 보내더라도 만족하겠는가라고 물으셨을 때, 나는 희망을 보지 못했다. 졸지에 깊이 파묻힌 갈망이 해결될 기미를 잃고 만 것이다. 세상이 쓸쓸하게 느껴졌으나 하나님께서는 내게 이 경험을 통해서 몇 가지 값진 교훈을 가르쳐 주셨다.

• 교훈 1: 인생사의 문제와 상황에 진력이 났다고 해서, 단순하게 더 열심히, 더 담대히, 더 긴 시간 동안의 기도를 통해 나의 방식과 때에 목적을 달성하기로 결정할 수는 없다는 것이다. 나는 하나님의 타이밍과 그분의 주권에 순응해야만 하고 또 남편이 자유 의지를 가졌다는 사실을 받아들여야만 한다.

• **교훈 2**: 나는 하루하루 그날의 삶을 살아야 한다. 나는 지금으로부터 20년 동안을 근심하고 고민하며 보냈다. 하나님은 사려 깊게 오직 오늘을 위해 충분한 힘과 양식과 쓸 것을 공급하신다. "내일 일을 위하여 염려하지 말라 내일 일은 내일 염려할 것이요 한 날의 괴로움은 그날에 족하니라"(마 6:34).

• **교훈 3**: 하나님께서는 지난 20년 동안의 모든 발걸음마다 그야말로 신실하게 동행하셨으며, 그분은 계속하여 나를 신실하게 확실히 인도하실 것이다. 나는 미래가 어찌되든 무관하게 그분을 믿고 의지할 수가 있다. "너는 마음을 다하여 여호와를 의뢰하고 네 명철을 의지하지 말라"(잠 3:5).

• **보너스 포인트**: 몇 주 후 하나님께서는 나를 다음 본문으로 인도하셨다.

"찬송하리로다 그는 우리 주 예수 그리스도의 하나님이시요 자비의 아버지시요 모든 위로의 하나님이시며 우리의 모든 환난 중에서 우리를 위로하사 우리로 하여금 하나님께 받은 위로로써 모든 환난 중에 있는 자들을 능히 위로하게 하시는 이시로다 그리스도의 고난이 우리에게 넘친 것같이 우리의 위로도 그리스도로 말미암아 넘치는도다 우리가 환난받는 것도 너희의 위로와 구원을 위함이요 혹 위로받는 것도 너희의 위로를 위함이니 이 위로가 너희 속에 역사하여 우리가 받는 것 같은 고난을 너희도 견디게 하느니라 너희를 위한 우리의 소망이 견고함은 너희가 고난에 참여하는 자가 된 것같이 위로에도 그러할 줄을 앎이라"(고후 1:3-7).

　우리의 역경과 난관은 서로를 위한 것이다! 나의 시련은 당신에게 희망과 위안과 격려와 용기를 주기 위함이다. 나의 기도는 당신이 이 책을 통해 그 희망, 위안, 격려, 용기를 얻으셨기를 소원하는 그것이다. 당신이 그분을 통해서, 그분을 향해서 성숙해 갈 때 하나님께서 확실히 축복하실 것을 나는 확신한다.

하나님의 음성듣기

남편의 미래를 하나님께 맡겨 드리고, 양도해 드리는 항복의 기도를 기록해 보라.